# NEANDRIA

## EINUNDFÜNFZIGSTES PROGRAMM

# ZUM WINCKELMANNSFESTE

DER ARCHÆOLOGISCHEN GESELLSCHAFT ZU BERLIN,

VON

## ROBERT KOLDEWEY

MIT EINEM PLAN UND 68 TEXTABBILDUNGEN

BERLIN

DRUCK UND VERLAG VON GEORG REIMER

1891

Abb. 1.

Die erste Bekanntschaft mit den Ruinen von Neandria auf dem Tschigri-Dag verdanke ich Joseph Th. Clarke, mit dem ich den Ort von Assos aus zu zwei verschiedenen Malen im Jahre 1882 besuchte; das zweite Mal fand Clarke jenes merkwürdige Capitell, dessen überraschend neue, dem ionischen Capitell ähnliche, aber in der Tendenz seiner Linienführung strict entgegengesetzte Form damals ohne Parallele dastand. Seit dieser Zeit hat mir der Ort als wünschenswerthes Object für eine nähere Untersuchung in der Erinnerung gelegen, und so beauftragte mich auf mein Ansuchen zunächst das Kaiserlich Deutsche archäologische Institut gelegentlich meiner Arbeiten auf Lesbos 1885—86 auch Tschigri in den Kreis meiner Untersuchungen zu ziehen, wenn die Zeit es erlaubte. Das war leider nicht der Fall, und erst im Sommer 1889 konnte ich den Platz von Neuem zu einer Ausgrabung empfehlen, als Herr Professor Furtwängler mich im Auftrage des Herrn Generalconsul Eisenmann, der die Kosten der Unternehmung tragen wollte, um einen solchen Vorschlag ersuchte.

Unterdessen hatte sich sowohl durch die Auffindung einer Reihe ganz ähnlicher Capitelle zu Kolumdado auf Lesbos als auch durch Puchstein's Behandlung des ioni-

1*

schen Capitells die Frage nach der ursprünglichen Gestalt des zu dem Capitell vom Tschigri-Dag gehörigen Gebäudes derartig zugespitzt, dass eine Untersuchung dieser Ruine sehr wünschenswerth war. Wenn mit Bevorzugung dieses wichtigen Gebäudes die übrigen zahlreichen Ruinen der Stadt sowie die ausgedehnten Nekropolen im Wesentlichen aus Mangel an Zeit nur sehr wenig berührt wurden, so geschah es in der Hoffnung, dass der erfolgreiche Anfang die Gewähr für eine nachfolgende umfassendere Untersuchung bieten würde.

Dass ein solcher Anfang gemacht werden konnte, ist der Uneigennützigkeit der Herren Generalconsul R. Eisenmann, Generalconsul E. Landau und Commerzienrath Arnhold in Berlin zu verdanken.

Die Ausgrabung, zu welcher die Erlaubniss von der türkischen Regierung

Abb. 2. Aussicht nach Norden.

durch die gütige Vermittelung des Deutschen Botschafters in Constantinopel Herrn von Radowitz Exc. erwirkt war, begann ich den 23. August 1889 am Tempel, der am 10. September im Wesentlichen freigelegt war, nahm dann einige Versuchsgrabungen in der Stadt und bei den Gräbern vor und verliess Tschigri-Dag am 23. October desselben Jahres. Für die Durchführung meiner Aufgabe bin ich ausser den schon genannten Herren auch dem Director des Museums zu Constantinopel, Herrn Hamdy Bey Exc. zu Dank verpflichtet sowie besonders meinem alten Freunde Frank Calvert, dessen Haus in Tschanak-Kalessi mir die gewohnte Gastfreundschaft auch diesmal gewährte.

Von der 500 m hohen Granitkuppe des Tschigri-Dag übersieht man einen grossen Theil des 13stündigen Weges von Tschanak-Kalessi her (vergl. Abb. 1), der südlich von Ilion der vielgewundenen Skamanderschlucht bis zu dem kleinen Städtchen Ine folgt und dann steil zwischen Felshängen empor durch das Dörfchen Javaschlar (rechts auf dem Panorama Abb. 2) in vielfachen Windungen die Thore der alten Stadt erreicht. Unmittelbar am Fuss des Berges auf einer Kiskalessi genannten Kuppe liegen die Ruinen des alten Kenchreae (vergl. Clarke in der S. 6 Anm. 1 genannten Schrift S. 27). Deutlich verfolgt man den hier und da glitzernden Lauf des Skamander durch die dunkelgrüne Fruchtebene vom alten äolischen Kebrene bis zum heutigen Ine und dann durch die dunkele Schlucht jenseits der im Baly Dag endigenden Höhen bis zu seiner Mündung am Eingang der Dardanellen bei Kumkale. Ilion selbst ist durch eben den Baly Dag verdeckt, auf welchem Frühere die Reste des alten

Abb. 2a. Aussicht nach Nordosten.

Troja zu erkennen glaubten. Auf dem Spiegel des Meeres, an dessen Ufern sich die wellige, vielfach mit Valonea-Eichen bewachsene Ebene zwischen Ilion und Alexandria Troas ausdehnt, ruhen wie schwimmend Tenedos, dem Sminthier heilig, Lemnos, über dessen Contour bei Sonnenuntergang des Athos Spitze blickt, Imbros und die geheimnissvolle Samothrake. Allnächtlich aber schickt der Leuchtthurm von Siddilbahr auf der Spitze des thrakischen Chersones sein wechselnd leuchtendes Feuer herauf. Die Aussicht nach Süden zu ist enger begrenzt durch die Uferhöhen des Satnioeis, über welche jedoch die mir so wohl bekannte Spitze des Hypsilo-Monastir (nicht des Lepetymnos!) auf Lesbos zu sehen ist.

Ist diese bevorzugte Lage schon an sich imstande, die einstige Blüthe der

Stadt zu erklären, so kommt hinzu ein ausgedehntes Ackerland am Fusse des Hügels, Quellen in der Nähe der Stadtmauer, die nur zum Theil im Sommer versiegen, endlich die vorzügliche Vertheidigungsfähigkeit des Stadtgebiets. Letztere musste allerdings erkauft werden durch die ausserordentlich hohe Lage, die zusammen mit der Unmöglichkeit der Anlage einer ununterbrochenen Wasserzufuhr durch Leitung den Verfall der Stadt von einer Zeit an innerlich verschuldete, als grösserer Verkehr mit der übrigen Welt zur Nothwendigkeit geworden war.

Was an schriftlichen Quellen für die Stadt wichtig ist, hat Clarke[1]) mit solchem Fleisse bei Gelegenheit der Publication des Capitells zusammengetragen, dass ich hier darauf nicht näher einzugehen brauche.

Die Identificirung mit dem äolischen Neandria hat zuerst Frank Calvert[2]) unternommen. Jetzt kommt hinzu, dass unter den 24 Münzen, die ich auf dem Stadtgebiet zum Theil selbst gefunden, zum Theil von den ausschliesslich den Berg umziehenden Hirten gekauft habe, die von Neandria weitaus vorwiegen. Am häufigsten ist die von Head, Historia numorum, Oxford 1887 S. 473 in die Zeit 400—300 gesetzte kleine (Æ 6) Münze mit dem jugendlichen (Apollo?) Kopf auf der einen, mit Gerstenkorn, Traube und der Beischrift NEAN auf der andern Seite. Diese Münzen gehören den alleroebersten Schichten der Stadtruine an und es bestätigt sich damit die Nachricht bei Strabo XIII 604, dass durch Antigonus die Einwohner von Neandria zusammen mit denen von Kebrene und andern Ortschaften nach dem neu gegründeten Alexandria Troas versetzt worden seien. Hierdurch gewinnen wir einen ausserordentlich wichtigen äussersten Termin für die Zeitbestimmung der Ruinen von Neandria, welchem diese nirgends widersprechen. Bedenkt man schliesslich, dass Alexandria Troas genau die oben angegebenen Eigenschaften besass, welche Neandria fehlten, nämlich bei gleicher Vertheidigungsfähigkeit und gleichem Ackerland eine bequemere Lage und ausreichende Wasserzufuhr, so kann es als sicher gelten, dass Neandria von ca. 300 v. Chr. ab vollständig verödete, ein Zustand, der durch die Uebertragung des Neandrischen Münzwappens, eines weidenden Rosses, auf die Münzen von Alexandria Troas gleichsam besiegelt wurde.

Die etwa 1400 m lange und 450 m breite Stadt umfasst mit ihrem 3200 m langen Mauerzuge zwei Gipfel, von denen der nordwestliche um 21 m höher ist als der südöstliche; die Niederung zwischen beiden endigt nördlich und südlich in je einem grösseren Thor (1 und 6 auf dem Plan), während die beiden andern

[1]) Papers of the Archaeological Institute of America: A protoionic Capital from the site of Neandreia by Joseph Th. Clarke. Baltimore 1886. — Dasselbe im American Journal of Archaeology II 1885 S. 1 ff.

[2]) On the Site and remains of Cebrene, im Archaeol. Journal XXII London 1865 S. 51 ff.

Hauptrichtungen durch die Thore 4 und 8 gedeckt, der übrige Mauerzug aber noch in 7 schmalen Pforten (2, 3, 5, 7, 9, 10, 11) geöffnet ist. Für Abfluss des Tagewassers durch die Mauer ist durch die üblichen Abzugscanäle gesorgt (D im Plan), bei denen aussen vorspringende Ausgüsse das Wasser von der Mauer weit wegschleudern. Die fast überall sehr steil antretenden Felshänge haben eine Flankirung der Mauer durchgängig entbehrlich gemacht, nur an den mehr gefährdeten südlichen Theilen ist eine Bewehrung mit rechteckig vortretenden Thürmen angeordnet, deren kürzeste Courtine (μεσοπύργιον) an der vorspringenden Südecke 27 m beträgt. Zu jedem Thurm, ebenso zu einigen thurmlosen Mauerstrecken führt eine innen an die Mauer gebaute Steintreppe empor (T im Plan).

Die Construction der meist 3 m dicken Mauer ist als das bei griechischen Städtemauern fast ausschliesslich angewendete Diamicton [1]) zu bezeichnen: zwei äussere Quaderschichten mit Füllmasse aus kleinen Steinen und Erde. Die unregelmässigen Granitquadern, deren Lagerfugen gebrochen durchgehen, stossen meist nicht rechtwinklig zusammen, ihr

Abb. 3. Maueransicht bei b im Plan.

Flächenverhältniss ist meist kurz, bei durchgängiger Höhe von 40—50 cm; mehr als vierseitige Blöcke sind sehr selten. Die Fugen schliessen gut, die Flächen sind mehr bossenartig behandelt und nur an den Ecken der Thürme (vergl. Abb. 4) durch einen

Abb. 4. Vom südlichen Hauptthor.

[1]) Plin. 36, 51: medios parietes farcire fractis caementis diamicton vocant. Zu unterscheiden von emplecton vergl. Koldewey, Lesbos S. 6.

glatten Randbeschlag ausgezeichnet. An solchen Stellen wird auch die Schichtung eine regelmässigere und geht dann vielfach in mehr oder weniger reinen Quaderbau über,

Abb. 5. Stadtmauer im Osten (d im Plan).

so ausser den Thurmecken selbst auch an Stellen wie d im Plan, wo die Mauerwinkel dichter aneinander treten (Abb. 5). Vortretende Felsen sind mit Vorliebe in den Mauer-

Abb. 6. Mauer bei c im Plan.

zug direct aufgenommen, indem die Blöcke an solchen Stellen mit grosser Sorgfalt zwischen die Felsspalten eingepasst worden sind (Abb. 6).

Den vier Hauptthoren (1, 4, 6, 8 im Plan) ist diejenige Eigenschaft gemeinsam, auf welche im höheren Alterthum besonderer Werth gelegt wurde, nämlich dass der Zugang zu ihnen nicht grade, sondern schräg von der Linken stattfinde, so dass der Angreifer namentlich in der unmittelbaren Nähe des Thores seine beschildete Linke von der Mauer abwenden musste. Dieses Erforderniss fasst Vitruv I 5, 2 in die Worte: excogitandum uti portarum itinera non sint directa sed scaeva. namque cum ita factum fuerit, tum dextrum latus accedentibus quod scuto non erit tectum proximum erit muro. Solcherart müssen auch die skaeischen Thore (scaevus = σκαιός) Homers gewesen sein[1]) und es ist darauf aufmerksam zu machen, dass das südliche Hauptthor in Hissarlik, welches bisher wohl also genannt wurde, nicht „skaeisch" ist, dass vielmehr diese Eigenschaft nur einem der beiden kleinen Thore zugesprochen werden kann. Das grossartigste Beispiel einer skaeischen Thoranlage liegt in dem Hauptthor von Tiryns vor.

Bei sämmtlichen dieser skaeischen Thore von Neandria ist auch auf die Gewinnung eines bedeutenden Vorhofs Rücksicht genommen, so dass das eigentliche Thor im Hintergrunde dieses Hofes liegt und die Anlage echt griechischen Character erhält. Dabei ist das nördliche Hauptthor (1) ganz ohne Thürme geblieben, das östliche (4) hat nur auf der linken Seite einen, das südliche (6) zwei, von denen der linke weiter vor-

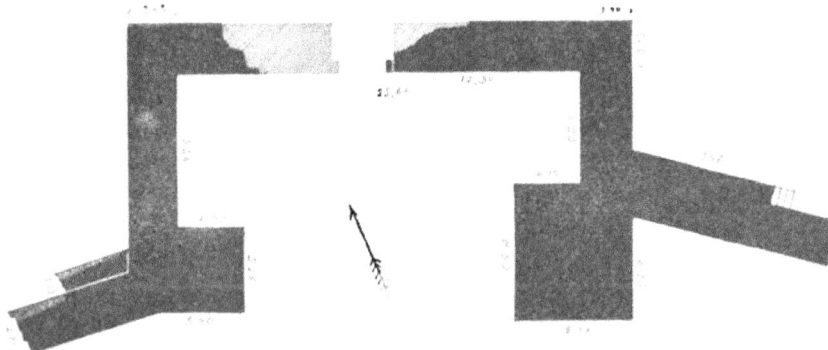

Abb. 7. Südliches Hauptthor. Mst. 1 : 400. (Der Pfeil bezeichnet die Nordrichtung).

steht als der rechte (vergl. den Grundriss Abb. 7), das südliche Nebenthor hat den linken Mauerschenkel thurmartig verlängert vorgeschoben (Abb. 8). Von den Pforten characterisiren sich namentlich 3, 9 und 10 als Ausfallsöffnungen, da sie rechtshandig schräg durch die Mauer gelegt sind, so dass der Ausfallende zunächst seine beschildete Linke nach aussen kehrt[2]).

Für die Zeitbestimmung dieses grossen Mauerringes hat man in Betracht zu ziehen, dass zwischen die Zeit der Verödung um 300 v. Ch. und die des Mauerbaus die

[1]) E. Curtius, Zur Geschichte des Wegebaues bei den Griechen II S. 274.
[2]) Vergl. Rochas d'Aiglun, Principes de la Fortification antique. Paris 1881 S. 76.

Errichtung der zahlreichen wohlgefügten Häuser zwischen dem nördlichen und südlichen Hauptthor fallen muss; wenn diese Periode mit einem Jahrhundert richtig geschätzt ist, so können wir die Stadtmauer ohne Bedenken dem 5. Jahrhundert v. Chr. zuweisen.

Jedenfalls ist der grosse Mauerring aber nur eine Erweiterung einer älteren bei weitem kleineren Ummauerung (schraffiert auf dem Plan) des nordwestlichen Gipfels, die zum Theil, nämlich in der ganzen nordwestlichen Ecke, in die neue Befestigungslinie mit aufgenommen und noch heute in vielen aus verhältnissmässig kleinen Blöcken bestehenden Stücken sichtbar ist. Im Norden ist die Verschiebung der späteren Mauer auf dem eigentlichen Felsgrat kenntlich und der Pforte 11 entsprechend lag auch in der

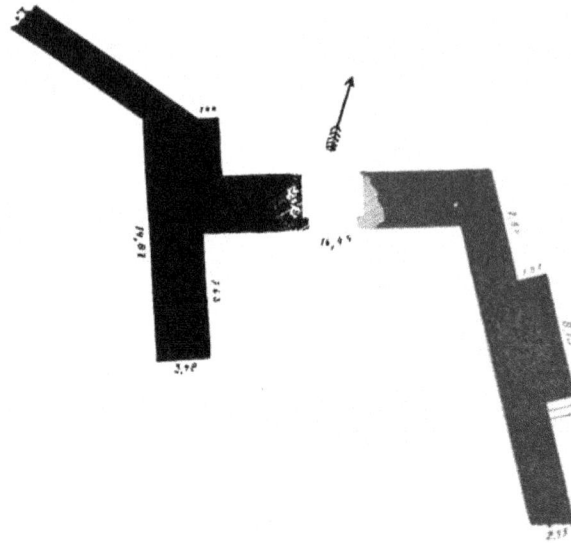

Abb. 8. Südliches Nebenthor. Mst. 1 : 400.

älteren Linie ein Zugang mit nordwestlich abführendem Wege. Zwischen der Pforte 11 und dem nördlichen Hauptthor verläuft die alte Spur unter die spätere Mauer, so dass über ihr gegenseitiges Altersverhältniss kein Zweifel sein kann. Sie läuft dann innerhalb der neuen Umschliessung auf dem Plateaurande südwestlich weiter und in der darauffolgenden Umbiegung nach Westen lag das alte, von einem quadratischen Thurm links flankierte Hauptthor, dessen steil nach unten führender Zugang durch einen vorgestreckten Mauerschenkel geschützt wird. Ein weiterer Zugang lag wahrscheinlich in der Nähe von a. Von den quadratischen Mauerthürmen in dieser Strecke sind zwei mit einer Courtine von 23 m deutlich, andere in Spuren zu erkennen. Der Baucharacter weicht stark von der grossen Umfangsmauer ab und ist roh polygonal mit selten und nur auf kürzere Strecken durchgehenden Horizontalfugen. Zwischen dem Hauptthor und dem nächst angegebenen ruht bei a im Plan diese Mauer auf einem zwischen dem Fels sorgfältig eingebetteten Mauerstück, dessen unregelmässige Quadern in ihrer sorgfältigen Schichtung auffallend mit der darüber liegenden contrastieren (Abb. 9), mit der späteren grossen Umfassungsmauer aber eine grosse Verwandtschaft zeigen. Sie sind der spärliche Rest einer ältesten, wie es scheint nicht vollendeten Befestigung der Burg. Man kann nun kaum

Abb. 9. Alte Burgmauer (bei d im Plan).

annehmen, dass dieser scharfe Wechsel im Baucharacter nur die Folge einer über-eiligen Vollendung der begonnenen Mauer sei, vielmehr ist wohl zu vermuthen, dass hier eine vorübergehende Fremdherrschaft, durch die das aufkeimende Staatswesen zeit-weilig unterdrückt wurde, eine monumentale Spur hinterlassen habe. Da der Tempel, wie wir weiter unten sehen werden, im Character mit dem ältesten kleinen Stück übereinstimmt und dem siebenten Jahrhundert zuzuweisen ist, so bleibt etwa das sechste Jahrhundert für die Erbauung dieser alten von Fremden herrührenden Burgbefestigung übrig, die danach mit der Ausdehnung der lydischen Machtsphäre in jener Zeit in Ver-bindung gebracht werden könnte.

Mit Ausnahme des ebeneren unteren Plateaus in der alten Stadt, die man die Akropolis der späteren nennen kann, ist das ganze Gebiet ausserordentlich steil und ab-schüssig nach Süden gewandt, trotzdem aber dicht bedeckt mit Resten von Häusern, die nur auf dem Plateau zu grösserer Entfaltung sich ausbreiten konnten. Hier unten erkennt man auch wenngleich nicht einen vollständigen Grundriss so doch einzelne Gruppen von Gebäuden mit schmalen winkligen Strassen dazwischen. Alle Häuser aber sind aus gut gearbeiteten Blöcken gebaut, von denen einige mehr, andere weniger ins Polygonale übergehen. Diese Monumentalität in der Privatarchitectur ist über die ganze neuere Stadt hin bemerkbar, nur mit dem Unterschiede, dass in der unteren Stadt — weniger in den

2*

westlichen, auffallend in den mittleren Theilen — die Häusergrundrisse rechteckiger und grossräumiger werden, während im südöstlichen Stadtgebiet die Häuser wieder unansehnlicher und auch seltener sind. Ferner treten hier die einzelnen sonst nur sporadisch sichtbaren Felsengruppen mächtiger zu Tage, als auf dem Sattel und dem westlichen Hügel.

Eine breite etwas gebogene Strasse verbindet das nördliche Hauptthor mit dem südlichen und durchschneidet fast rechtwinklig eine etwa fünffache Reihe wohlgebauter Häuser, deren Grundrisse ohne Grabung nur so weit zu erkennen waren, wie sie auf dem Plan zur Darstellung gebracht sind. Nördlich von dieser Gruppe, zwischen ihr und der Stadtmauer, liegt der einzige grössere vollkommen ebene Platz, der zum Theil durch Aufschüttung künstlich hergestellt ist, und dem man darum eine hohe Bedeutung beimessen muss. Bei seiner Längenausdehnung von 200 m wäre er für ein Stadium wohl geeignet. Auch der östlich an den Tempel stossende kleinere Platz ist einigermassen eben und frei. Hier führt eine nicht ganz grade Strasse auf das alte Burgthor zu. Schon in der Nähe des letzteren, rechts vom Wege, bemerkt man ein aus 14 gleichwerthigen Räumen bestehendes Gebäude, in dessen zweitem Zimmer bei der Ausräumung die beistehend wiedergegebene Bustrophedon-Inschrift gefunden wurde. Das Haus macht den Eindruck eines Stoengebäudes mit Gemächern hinter der Halle, obwohl von Säulen bisher Nichts bemerkbar ist. Ein bemerkenswerthes Gebäude scheint schliesslich auch südlich von der alten Burgmauer gelegen zu haben, von welchem eine circa 70 m lange Mauer zu erkennen ist; etwa in der Mitte dahinter liegt gesondert ein halbkreisförmiger circa 8 m im Durchmesser haltender Unterbau. Diese An-

Abb. 10.  Inschrift auf einem Parastadenfragment aus Granit.

lage, die vorher genannte Stoa und einige Häuser aus dem regelmässiger gebauten Stadttheile würden nächst der Durchforschung des Burgplateaus und einer weiteren Untersuchung der Nekropolen die nächsten Ziele einer zukünftigen Ausgrabung sein müssen.

Wohnhäuser ausserhalb der Stadt finden sich am ganzen Wege vom nördlichen Hauptthor auf weite Strecken hinaus, so dass hier und da einzelne Gruppen wie kleine Vorstädte liegen. Auch der Stadtmauer näher an den Abhängen nordwestlich, in hervorragender Weise aber südwestlich haben sich Häuser auf kleineren Plateaus zwischen den Felsen eingenistet.

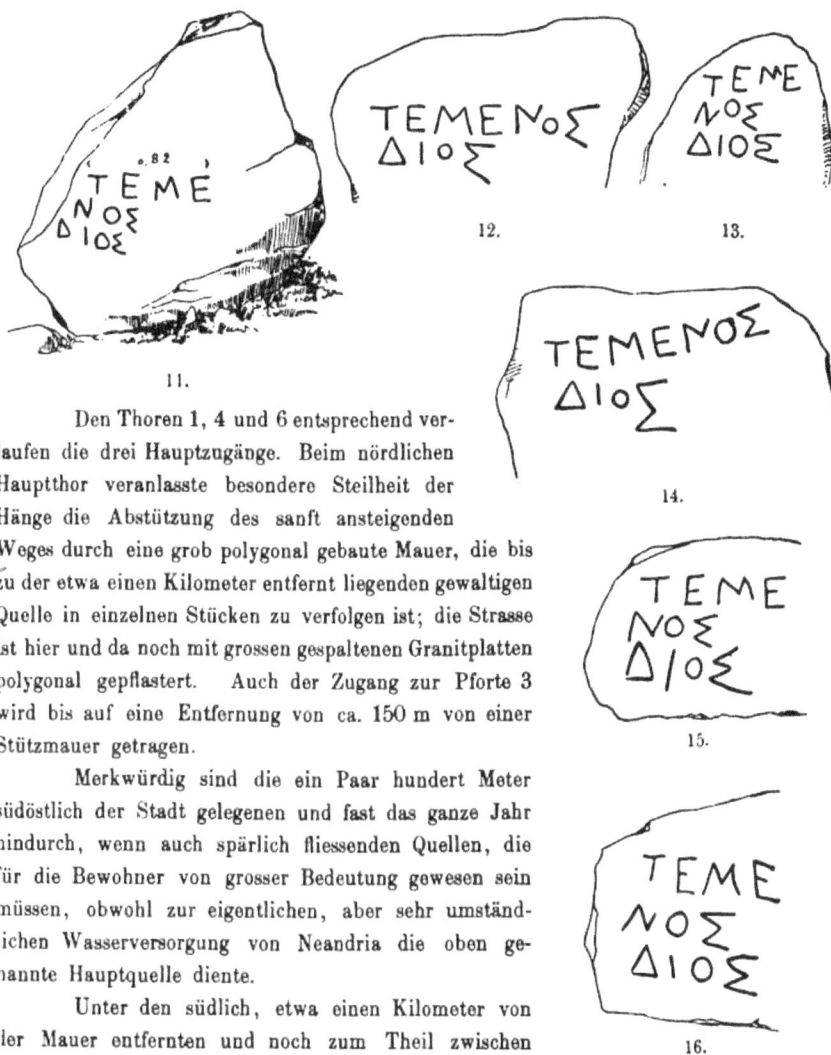

11.

12.                                    13.

14.

15.

16.

Abb. 11—16. Felsinschriften,
1 Kilometer südlich von der Stadt.

Den Thoren 1, 4 und 6 entsprechend ver-
laufen die drei Hauptzugänge. Beim nördlichen
Hauptthor veranlasste besondere Steilheit der
Hänge die Abstützung des sanft ansteigenden
Weges durch eine grob polygonal gebaute Mauer, die bis
zu der etwa einen Kilometer entfernt liegenden gewaltigen
Quelle in einzelnen Stücken zu verfolgen ist; die Strasse
ist hier und da noch mit grossen gespaltenen Granitplatten
polygonal gepflastert.    Auch der Zugang zur Pforte 3
wird bis auf eine Entfernung von ca. 150 m von einer
Stützmauer getragen.

Merkwürdig sind die ein Paar hundert Meter
südöstlich der Stadt gelegenen und fast das ganze Jahr
hindurch, wenn auch spärlich fliessenden Quellen, die
für die Bewohner von grosser Bedeutung gewesen sein
müssen, obwohl zur eigentlichen, aber sehr umständ-
lichen Wasserversorgung von Neandria die oben genannte Hauptquelle diente.

Unter den südlich, etwa einen Kilometer von
der Mauer entfernten und noch zum Theil zwischen
Felsen liegenden Abhängen fällt heute ein grosser ganz
ebener Platz auf, in dessen Mitte ein Paar grosse Pla-
tanen eine immer sprudelnde Quelle beschatten.    Auf den rings um dieses Feld her-
vortretenden Felsspitzen kehrt mehrfach in grossen Lettern die Inschrift „Bezirk des Zeus"
wieder.    Ich sah von diesen Inschriften die hier (unter 11—16) abgebildeten sechs, doch

lassen sich deren wohl noch mehr finden. Unter den wechselnden Buchstabenformen sind besonders beachtenswerth die kalligraphisch vergrösserten Schlusssigma und die vielfach stark ungleichschenklichen Ν und Μ.

Die Nekropolen vertheilen sich der natürlichen Lage gemäss auf die Zugänge zu den Thoren. Die eine dehnt sich zu beiden Seiten des Weges zum nördlichen Hauptthor etwa einen halben Kilometer weit aus, so dass ihr letzter Theil ein von Felsen umschlossenes Blachfeld einnimmt. Die zweite liegt neben dem Wege zur Pforte 3 und die grösste und offenbar hauptsächlichste in den felsigen Abhängen südlich von der Mauerpartie zwischen den Thoren 4 und 8.

Nach der Art und Weise der Bestattung können wir die Gräber von Neandria unterscheiden als: 1. Ziegelgräber, 2. Pithosgräber, 3. Platten- oder monolithe Kisten von ca. 60 cm Länge, 4. Platten- oder monolithe Sarkophage von Manneslänge, von denen die letzteren entweder in die Erde gesenkt sind oder frei stehen. Von diesen Arten scheinen sich die 3 ersten auf Aschenbestattung zu beziehen.

Von den 30—40 aufgedeckten Gräbern sind die im Folgenden einzeln beschriebenen die wichtigeren; sie lagen meist dicht unter der Erdoberfläche, höchstens bis zu 1½ m tief.

Abb. 17.
Mstb. 1:10.

Abb. 18.
Mastb. 1:40.

Abb. 19.
Mstb. 1:3.

1) Ziegelgrab bestehend aus 2 mit der concaven Seite aufeinandergelegten Hohlziegeln von beistehendem Querschnitt 65 cm lang, gefunden ca. 50 m südlich vom südlichen Hauptthor, 50 cm tief (Abb. 17). Inhalt: Humus, wenige Kohlenstückchen und Knochenasche.

2) a. Pithos aus rothem Thon von nebenstehendem Querschnitt (Abb. 18). Auf der Seite liegend neben dem Ziegelgrab gefunden und zwar zerbrochen und vielleicht schon früher geöffnet.
b. Bodenstück eines ebensolchen Pithos, gefunden ebenda.
c. Aufrechtstehender Pithos, dessen oberer Theil zusammengedrückt ist, in Scherben gefunden südwestlich vom südlichen Hauptthor.

3) a. Kleine Plattenkiste gefunden südwestlich vom Südthor. Inhalt: Humus, wenige schwarze duffe Scherben, ein kleiner Doppelhenkel-Becher aus schwarzem, duffem Thon (Abb. 19).
b. Kleine Plattenkiste, westlich vom Südthor. Inhalt: Humus und unten Kanne aus schwarzem, duffem Thon (Abb. 20).
c. Kleine Kiste aus gespaltenen Granitplatten

Abb. 20. Mstb. 1:3.

Abb. 21.
Mstb. 1 : 40.

Abb. 24. Mstb. 1 : 2.

Abb. 25. Mstb. 1 : 40.

Abb. 22. Mstb. 1 : 4.

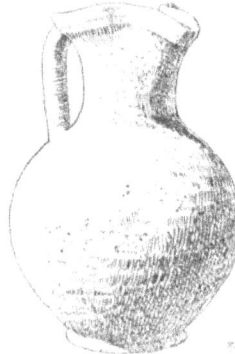
Abb. 23. Mstb. 1 : 4.

(Abb. 21), darin in Humus verpackt unter Beimengung von kleinen Steinen 3 Gefässe aus duffem, locker gebranntem schwarzem Thon, nämlich: eine Schaale mit 2 durch den Rand gebohrten Henkellöchern (Abb. 22) und eine kleinere und eine grössere (Abb. 23) Kanne.

d. Kleine Plattenkiste, fast an der Erdoberfläche westlich vom Südthor gefunden ohne Deckel, darin in Humus: eine Kanne von der Form Abb. 23 aus schwarzem, wenig gebranntem Thon, ganz zerbrochen, aber die Stücke ihrer Form nach noch erkennbar, drei Fläschchen von der Form Abb. 28 und eine weibliche Figur (Abb. 24), dazu die Fragmente einer zweiten ähnlichen, beide aus röthlichem Thon. Die Figur mit hohem Kopfputz und herunterhängendem Schleier hält die rechte Hand mit einer Blume (?) auf der Brust, die Linke herabhängend fasst das Gewand.

e. Monolithe Kiste innen 27 cm × 78 cm gross, 30 cm hoch, darin an Scherben: rothe, schwarze, rothe mit schwarzem Firniss und hellgelbe, dann: Knochenstückchen, Kohle, 10—15 kleine Steine, Ziegelbrocken, von denen einige verschlackt. Alles in Humus verpackt, der Deckel lag dichtschliessend darauf.

f. Kleine monolithe Kiste, war früher schon geöffnet, der Deckel oberflächlich wieder darauf gelegt.

4) a. Platten-Sarkophag (Abb. 25), gefunden dicht südlich vom Südthor, 0,60 m hoch (im Innern), aus sorgfältig aneinander gearbeiteten Granitplatten, mit Humus gefüllt, der aber wahrscheinlich grösstentheils später hineingestäubt ist; in den unteren Humusschichten wenige kleine Steine. An Knochen sind erkennbar erhalten namentlich Füsse und Schädelstücke. Zu Füssen links bei D: eine Schaale aus feinstem rothem Thon von feiner Arbeit, mit schwarzem, namentlich innen sehr schönem Firniss, unten rother Ring und rother Mittelpunkt, innen Strich-

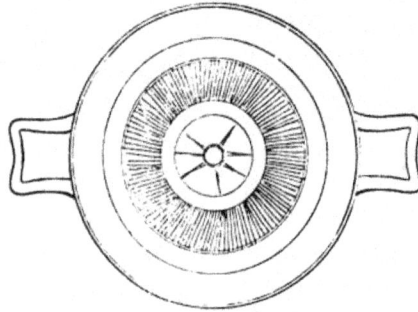

Abb. 26. Mstb. 1 : 4.

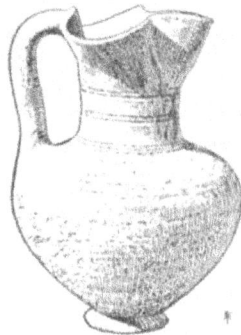

Abb. 27. Mstb. 1 : 4.

Abb. 28. Mstb. 1 : 3.

Abb. 29.

ornamente, vor dem Firniss in den halbtrocknen Thon eingedrückt (Abb. 26), die Kreise auf der Scheibe hergestellt. Rechts bei E: eine Kanne aus schwarzem, duffem Thon (Abb. 27), mit Kleeblatt-Mündung, am Hals mit eingedrückten Linien verziert. Weiter oben rechts bei C: ein Fläschchen aus gelbem Thon mit eingeritzten Ornamenten: Sterne mit wenigen rothen Tupfern (Abb. 28). In der Halsgegend bei A: eine einzelne kleine Perle aus Achat, durchbohrt, unregelmässig geglättet. Links in der Mitte bei B verrostetes, jetzt formloses Eisenstück. Scherben dem Humus beigemengt, meist duffschwarz, eine (Abb. 29) hellgelb mit zwei schwarzen und einem violetten Streifen.

b. Etwa 20 monolithe Sarkophage liegen meist halb zu Tage in allen drei Nekropolen, selten nur in der östlichen, alle früher schon geöffnet, der Deckel entweder zerschlagen oder nachlässig wieder aufgelegt, daher ohne Inhalt. Ebenso sind von ursprünglich freistehenden Sarkophagen ausschliesslich Bruchstücke gefunden worden und zwar 4 bis 5 in der nördlichen und in der südlichen Nekropole. Sie bestehen nicht wie die übrigen Sarkophage aus Granit, sondern aus jenem leicht zu bearbeitenden Liparit, der das Material für die Tempelcapitelle bildete. Die Deckel sind flach nach beiden Seiten abgeschrägt, aber ohne Akroterien; an einem in der Nähe des Südthores gefundenen Stück sitzt dagegen dicht bei der Ecke eine rechteckige Erhöhung.

Eine Kennzeichnung des unterirdischen Grabes ist im Ganzen selten bemerkbar. Die einfachste Art ist die Aufrichtung einer wie es scheint gänzlich unbearbeiteten Platte,

die jedoch in ihrer Form im allgemeinen den Umrissen einer menschlichen
Gestalt nahe kommt (Abb. 30); es sind plattenförmig gespaltene Blöcke, die
unten schmaler sind, im oberen Theile häufig auf beiden Seiten eine Erweiterung
und oben einen kurzen Ansatz haben; aufgestellt sind sie ohne Basis, einfach
in die Erde hineingelassen, 2 bis 4 m hoch, und kommen ausschliesslich in der
südlichen Nekropole vor; ich habe deren etwa 6 bemerkt.

Abb. 30.

Eine andere Form ist die Aufschüttung eines kleinen Erdhügels, der zwar selbst
nirgends erhalten ist, dessen kreisförmige Unterlage aus kleineren Handsteinen aber vielfach in der südlichen Nekropole sicht-
bar wird. Das bemerkenswertheste Beispiel liegt etwa 100 m westlich von
der südlichsten Spitze der Befestigung
(vergl. den Querschnitt A und den
Grundriss B auf Abb. 31). $1\frac{1}{2}$ m unter
dem ebenen Boden, aus welchem einige
Felskuppen herausragten, lag das Grab
innerhalb einer Felsspalte, so dass zwei
Seiten des Sarges vom Fels selbst gebildet wurden, während Unter- und Ober-

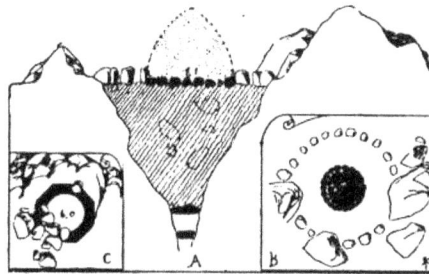

Abb. 31.  A. Mstb. 1 : 75, B. 1 : 150, C. 1 : 1000.

platte zwischen die Felswand eingeklemmt waren und die Schmalwände durch lose angelegte
Blöcke gebildet wurden. Der Inhalt bestand ausschliesslich aus Sand mit wenig Humus
und einigen kleinen schwarzen Scherben. Den oberen Theil des Spaltes füllte Humus
mit einigen Felsstücken dazwischen aus und auf der Oberfläche lag kreisförmig im Durchmesser von 1,10 m eine Packung aus kleinen Steinen, offenbar nur der einfache Unterbau
für einen jetzt verschwundenen Erdhügel. Concentrisch mit dieser Packung in einem
Durchmesser von ca. 3 m lief eine Reihe von nicht sehr dicht gestellten grösseren
Steinen herum wie zu einer rohen Umhegung des Ganzen. Solche Hügel-Unterbauten
mit der Umhegung aus grösseren Blöcken habe ich in der Nähe des beschriebenen an
4—5 Stellen mehr oder weniger deutlich bemerkt.

Von der monumentaleren Gestalt eines Tumulus ist südlich vom südlichen Hauptthor ein guter, obwohl im Zustande wie es scheint absichtlicher Zerstörung befindlicher
Rest gefunden worden (vergl. den Grundriss Abb. 31 C). Es ist ein achteckiger Unterbau
aus gut gearbeiteten, unregelmässigen Quadern, darinnen eine kreisrunde Kammer. Erhalten sind nur die unteren zum Theil in den Fels eingebetteten Schichten. Grosse
Felsblöcke sind in das Innere mit verbaut. Auf der einen (östlichen) Seite fanden sich
viele kleine unförmliche Stücke sehr grosskörnigen weissen Marmors und im Innern einzelne Stücke eines freien Sarkophags aus röthlichem Liparit in sehr feiner Flächenarbeit.

Ob dieser Sarkophag innerhalb der kreisförmigen Kammer selbst gestanden habe, lässt sich nicht feststellen, jedoch eben so als wahrscheinlich annehmen, wie nach den Marmorsplittern die ursprüngliche Existenz eines statuarischen Schmuckes.

Ueber die Vertheilung der verschiedenen Grabformen auf die drei Nekropolen lässt sich nur so viel sagen, dass die reichste südliche Totenstadt Gräber aller Arten gleichmässig aufweist; frei gearbeitete Sarkophage, Stelen und Tumuli habe ich nur hier bemerkt, während die östliche Nekropole fast ausschliesslich monolithe und Plattenkisten, die nördliche überwiegend grosse Sarkophage zeigt, von denen namentlich monolithe häufig halb zu Tage liegen, dann natürlich in schon stark zerstörtem Zustande. Auch von den kleineren Kisten sind besonders in der südlichen Nekropole an den abschüssigen Stellen viele durch die beständigen Abwaschungen vom Terrain freigelegt, nur die kleinen Kisten im Süd-Osten und vor dem südöstlichen Thor bergen ihre Gräber meist unverletzt.

Was ausser den soeben angeführten Dingen an Gefässformen und Terracotten gefunden ist, glaube ich übersichtlich hier zusammenstellen zu müssen. Wenn ich dabei die Form graphischer Darstellung auch für solche Fragmente wähle, die sonst wohl kaum einer Abbildung für würdig gehalten werden, so geschieht es in der Ueberzeugung, dass ich deren Einreihung in einen grösseren Zusammenhang auf diese Weise Fachgelehrten erleichtere.

## Einzelne Gefässreste und Terracotten.

Abb. 32. Mstb. 1:4.    Abb. 33. Mstb. 1:3.

1. Gefässhenkel mit horizontalem Ansatz, aus rothem Thon, gefunden im Inneren des Tempels am Eingang (Abb. 32).

2. Henkel, horizontal ansetzend an verticaler Randüberhöhung (Abb. 33) aus gelblichem, aussen schwärzlichem Thon, gefunden im Tempelinnern.

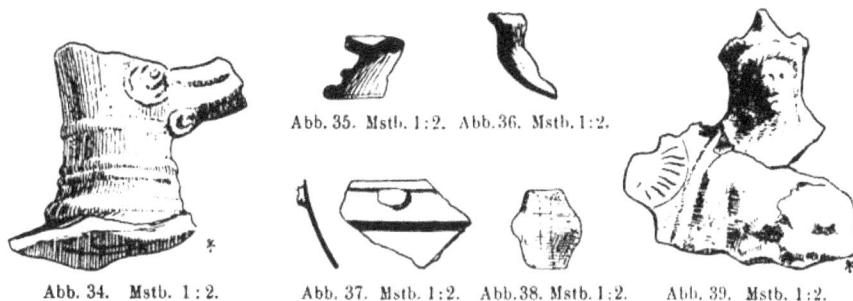

Abb. 35. Mstb. 1:2.   Abb. 36. Mstb. 1:2.

Abb. 34. Mstb. 1:2.   Abb. 37. Mstb. 1:2.   Abb. 38. Mstb. 1:2.   Abb. 39. Mstb. 1:2.

3. Massiver Hals (oder Fuss) mit Henkelansatz und aufgelegtem Ornament aus schwarzem, duffem Thon, gefunden im Tempelinnern (Abb. 34).

4. Gefässfuss aus rothem Thon mit schwarzem Firniss (Querschnitt: Abb. 35), gefunden im Tempelinnern. Aehnliche Formen auch hier und da in den Nekropolen.

5. Gefässscherben aus schwärzlichem, stellenweise rothem Thon mit glattem, blauschwarzem Firniss (Querschnitt: Abb. 36).

6. Gefässscherben mit Henkelansatz aus gelblichem Thon mit rothem Firniss und zwei schwarzen Streifen, gefunden im Tempel, links vom Eingang (Abb. 37).

7. Durchlochte Spindel (oder Perle?) aus schwarzem Thon, gefunden im Tempel (Abb. 38).

8. Obertheil einer weiblichen Figur (Abb. 39) aus rothem Thon mit dreispitzigem Kopfputz und davon herabhängendem Schleier, die linke Hand mit Blume oder Frucht auf der Brust; links das mit eingeritzter Palmette verzierte Ohr eines Sessels, auf dem die Figur sitzt. Gefunden vor der Ostfront des Tempels.

9. Kopf von einer ähnlichen Figur aus rothem Thon, gefunden vor der Ostfront des Tempels (Abb. 40).

10. Kopf, ähnlich dem vorigen, aber über der linken Schulter Rest eines Schildes (?) aus rothem Thon, gefunden vor der Westfront des Tempels (Abb. 41).

Abb. 40. Mstb. 2:3.   Abb. 41. Mstb. 1:2.   Abb. 42. Mstb. 2:3.

3*

Abb. 43. Mstb. 1:2.    Abb. 44. Mstb. 1:3.    Abb. 45. Mstb. 1:2.    Abb. 46. Mstb. 1:2.

11. Obertheil einer Figur mit schildartigem Ansatz (Abb. 42). Rother Thon, gefunden östlich vom Tempel.

12. Kopf mit hohem Kopfputz und Schleier aus schwarzgelbem Thon (Abb. 43), gefunden an der Ostfront des Tempels.

13. Fragment einer Gesichtsmaske (vielleicht von einem Gefäss?) aus rothem Thon, gefunden in der Nekropole, westlich vom südlichen Hauptthor (Abb. 44).

14. Unterer Theil einer Gewandfigur auf einfachem Sessel sitzend, die Rechte, auf den Sessel gestützt, hält eine Schale mit Omphalos aus rothem Thon, gefunden vor der Ostfront des Tempels (Abb. 45).

15. Unterer Theil einer stehenden Gewandfigur auf quadratischem Untersatz. Rother Thon, gefunden vor der Ostfront des Tempels (Abb. 46).

16. Gefässscherben aus schwarzem Thon mit einer Reihe von Pferden in flachem Relief (Querschnitt und Ansicht Abb. 47). Gefunden im Tempel.

17. Stück einer 2¹/₂ cm dicken Platte aus rothem Thon, gefunden etwa 100 m östlich vom südlichen Hauptthor in der Stadt (Abb. 48). Darauf in hohem, schwer erkennbarem Relief: Obertheil einer stehenden (?) männlichen Figur, nach rechts gewandt, mit spitzem Bart und über die rechte Schulter herabhängenden Haarflechten, linker Oberarm

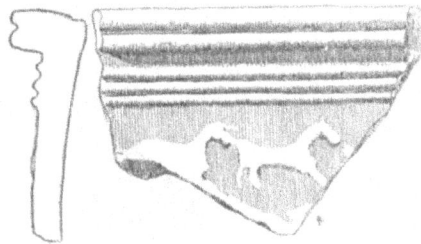

Abb. 47. Mstb. 1:2.

Abb. 48. Terracottarelief. Mstb. 1:2.

Abb. 49.                                                        Abb. 50.
Inschriftfragment aus der Nekropole. Mstb. 1:7½.    Kymation beim südlichen Hauptthor. Mstb. 1:5.

horizontal vorgestreckt, Unterarm senkrecht erhoben, rechter Arm schlaff herabhängend.
Unter dem linken Arm ist der Griff eines auf der rechten Seite des Körpers wieder
sichtbaren Schwertes mit Stange und Zeigefingerhalter.

Zum Schluss möge hier ein Fragment seine Stelle finden, das nach der Inschrift
[Φιλοχ]λῆς Φ[ιλοχλέους] wohl einem Grabstein angehörte; es ist in der Nekropole südlich vom Hauptthor gefunden worden; die Granitfläche ist an der Stelle der Inschrift
feiner gearbeitet als unten (Abb. 49).

Einzelfunde von architectonischen Formen beschränken sich auf die folgenden:

1. Altes lesbisches Kymation aus Granit, gefunden unmittelbar ausserhalb vom
südlichen Hauptthor (Abb. 50); für die Form der dreitheiligen Platte vergl. Tempel C in
Selinunt (Hittorf et Zanth, Arch. ant. de la Sicile Taf. 22), wo dieselbe Form das Epistyl bekrönt.

2. Das unter Abb. 51 wiedergegebene Gesims von einer Aedicula, das unmittelbar
ausserhalb des Thores 8 lag. Das Epistyl mit der Inschrift [Ἀ]ρ[ισ]αγόρας Πριάπῳ ist zusammen mit der einfachen Hängeplatte an einen 60 cm tiefen Mauerblock angearbeitet.

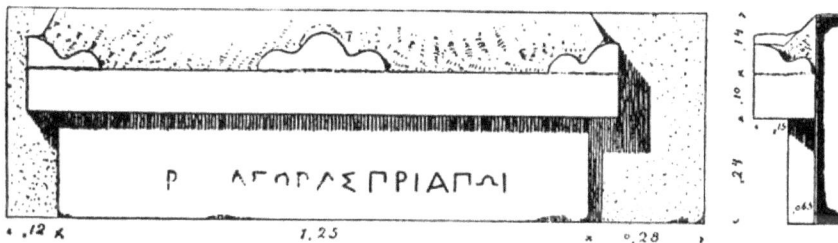

Abb. 51.  Gesimsblock vom südlichen Nebenthor (8).  Mstb. 1:15.

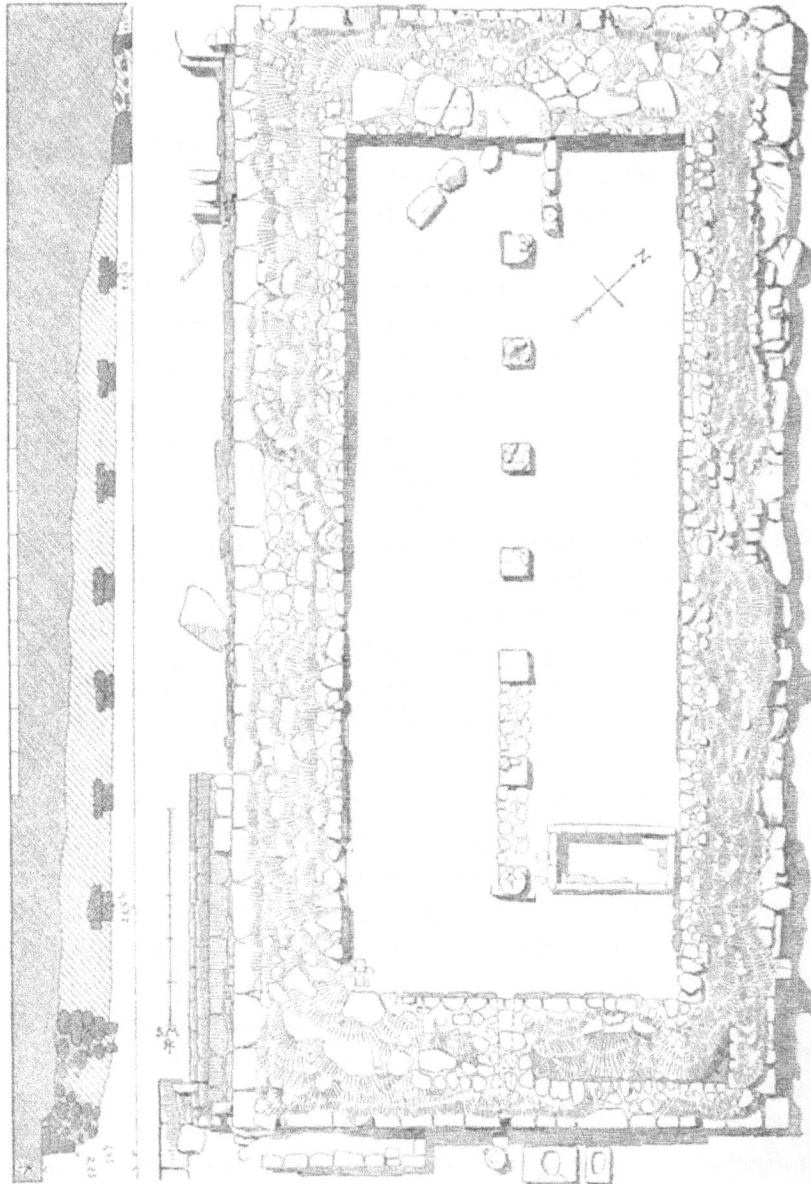

**Abb. 52.** Längsschnitt.     Abb. 53.   Grundriss des Tempels im jetzigen Zustande.   Mstb. 1 : 150.

# Der Tempel.

Abb. 54. Ansicht des Tempelfundaments von Norden her.

Die muthmassliche Lage desjenigen Gebäudes, welchem das früher gefundene Capitell angehören musste, war mir seit 1882 genau im Gedächtniss geblieben, so dass ich zu seiner Aufdeckung ohne weiteres Suchen die Ausgrabung auf einer kleinen Bodenerhebung am Sattel zwischen beiden Hauptthoren beginnen konnte. Damals war für mich nicht die Fundstelle des Capitells massgebend, welche Clarke (a. a. O. S. 25) im Nordwest-Winkel der Umfassungsmauer angiebt, also ca. 400 m vom Tempelplatz entfernt, sondern mehre kleine Splitter von ähnlichen Voluten, wie sie jenes Capitell besass. Der erste Graben quer über die Erhebung schnitt beide Langseiten, gewährte also einen Anhalt für die Freilegung, die sich auf die gesammte Umfassung, den südöstlich vorliegenden Platz und das Innere des Tempels erstreckte (vergl. die Ansicht Abb. 54).

Das Tempelgebäude, für dessen Deutung es kaum eines ausdrücklichen Hinweises auf die Seite 27 ff. angeführten Altäre und Statuenbasen bedarf, besteht aus einem Unterbau von 12,87 m Breite und 25,71 m Länge (vergl. Grundriss Abb. 53). Auf diesem Unterbau erhob sich die Cella, deren innen 8,04 m zu 19,82 m grosser Raum durch eine mittlere Reihe von 7 Säulen in zwei gleichwerthige Längsschiffe getheilt wird; die 60 bis 65 cm dicken Umfassungsmauern haben im Nordwesten eine 1,27 m breite Thür; die Orientirung des Baues richtete sich also gerade auf das Hauptthor der alten Burgmauer. Dicht an die Front grenzt eine Gruppe von freistehenden Felsen, südlich führt die Strasse vom Sattel zum alten Burgthor vorbei, nördlich liegt ein Platz, dessen Felsboden fast ohne alle Schuttaufhäufung frei liegt und im Norden durch eine Reihe aufrecht gestellter Felsblöcke begrenzt ist, während auf dem Felsboden des Platzes vor der südöstlichen Schmalseite zwei Fundamente, wahrscheinlich von Altären, und einige Statuenbasen stehen.

Das Fundament besteht, wie man am deutlichsten an der südwestlichen oder einfacher gesagt „linken" Seite bemerkt, unten aus zwei Schichten unregel-

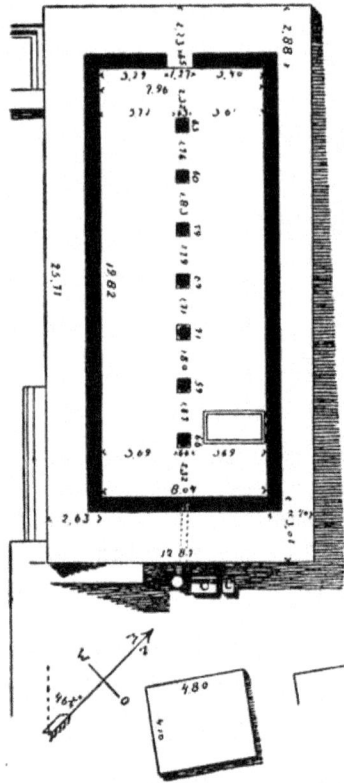

Abb 55.
Gundriss des Tempels (ergänzt). Mstb. 1:300.

mässig gelegter und auch ungleich weit vortre-
tender Blöcke, welche durch Vermittelung einer
ca. 20 cm hohen Läuferschicht in regelmässigere Schichtung übergehen. Die untersten Schichten sitzen rings unmittelbar auf dem Fels auf. Auf
die Läuferschicht folgen ziemlich genau recht-
winklige Quadern (vergl. Abb. 56), deren dem
quadratischen Verhältniss sich nähernde Aussen-
flächen roh gespitzt sind, während die Lagerfugen
bis zu einer Tiefe von 20 cm glatt bemeisselt sind,
die Stossfugen dagegen nur 3 bis 5 cm tief eng
aneinander schliessen, darauf nach innen zu stark
klaffen. An einem Block der linksseitigen Läuferschicht ist die Fläche durch scharf gesetzte Breit-
meisselhiebe unregelmässig netzförmig bemustert
(vergl. Aehnliches am Tempel von Messa und Assos,
Koldewey, Lesbos S. 48 und 57). Grössere und sehr
unregelmässige Blöcke bilden die unteren Schichten
der rechten Langseite, auf welche die Läuferschicht
aufgesetzt ist; hier liegt der Felsboden um 1 m
höher (1,82 unter der Schwelle) als an der linken
Seite (2,82 unter der Schwelle), noch höher aber an
der Front, wo die oberste Quaderschicht zugleich
die unterste Fundamentschicht bildet und unmittelbar auf den Fels aufgesetzt ist (vergl. Abb. 54).
    Diesem Bestande entsprechend gehen auch
die inneren Fundamentschichten bis auf den Fels
hinab, in der nördlichen Ecke 4 Schichten tief. Der Raum zwischen der inneren
und äusseren Quaderschicht ist ausgefüllt mit Handsteinen, Steinsplittern und Erde,
und zwar so, dass die grösseren und noch einigermaassen sorgfältig eingefügten Stücke
an die beiden äussern Schichten stossen, dann nach innen zu diese Fügung sorgloser wird
und mehr einer formlosen Schüttung gleichkommt. Diese an der Front wie an beiden
Langseiten gleichmässig wiederkehrende Fügung erleidet an der Rückseite eine Modification
in so weit, als die Hinterpackung der äusseren Schicht an dieser Stelle sich zu einer
1,10 m dicken Mauer gestaltet, die auf der rechten Seite noch etwa $1^{1}/_{4}$ m umbiegend
sich fortsetzt, nach links zu aber nicht einmal bis zur Ecke durchgeführt ist, sondern
$4^{1}/_{2}$ m davon in den vorher beschriebenen Zustand übergeht. Die östliche Ecke jener

Mauer ist in den unteren Schichten aus diagonal gelegten Steinen gebildet (vgl. Abb. 53), welche die Sicherheit des Verbandes an dieser Stelle erhöhen.

Durch die Mitte der Rückwand führt ein Canal von 25 cm Breite und der Höhe der Quadern (52 cm), der nach innen ansteigend hier mit seiner Oberkante grade den alten Fussboden berührt, während diese Oberkante draussen 35 cm tiefer liegt; er ist mit derselben Sorgfalt ummauert, wie die früher beschriebene Aussenwand.

Die obere Fläche dieses Unterbaues ist nur an der Front theilweise erhalten, während die übrigen drei Seiten mehr oder weniger tief zerstört sind, am meisten überall an den äusseren Schichten, weniger nach innen zu, wo die untere Schicht der Cellamauer fast überall noch steht. Die Schwelle bildet ein einziger grosser Block von 2,28 m Länge und 1,20 m Breite bei 50 cm Dicke. Das Innere ist ausgetreten und verwittert, die Stellen für die Thürleibung aber an sorgfältiger Meisselarbeit deutlich zu erkennen. Auch auf den anstossenden, zum Theil ursprünglich unter der Cellamauer befindlichen, zum Theil frei als Fussboden dienenden plattenförmigen Blöcken läuft die Arbeitsspur für die Cellamauer weiter, die man hier mit 65 cm messen kann. Vor der äussersten Schicht dieses Umgangspflasters liegt schräg gegenüber der Thür ein Block von 17 cm Dicke, der wie die ganze äussere Stereobatwand mit Ausnahme weniger hier und da eingefügter Granitblöcke aus röthlichem Liparit besteht und etwas über die darunter liegende Quaderschicht vorgreift.

Der gesammte freie Innenraum ist mit wahrscheinlich eingeschlemmtem Felssand ausgefüllt, der jetzt fast steinhart geworden ist (vgl. im Längsschnitt Abb. 52 den hellschraffierten Theil). Als Fundamente für die Säulen dienen genau rechtwinklig gearbeitete Granitblöcke von 17 bis 26 cm Höhe, von denen jeder auf zwei bis vier etwas sorgloser aneinander gestellte, aber mit guter Lagerfuge gearbeitete Blöcke aufgesetzt ist, die ihrerseits unmittelbar auf der Sandschüttung ruhen.

Auf sechs von diesen Einzelfundamenten standen bei dem einen mehr, beim andern weniger erhebliche Reste der Liparitsäulen in stark zerklüftetem Zustand, so dass ihr Umfang nicht genau zu messen war. Auf dem 4ten und 5ten Fundamente (vom Eingang aus gezählt) bemerkt man in der Mitte der Quadern je eine eingeritzte Linie, welche genau 2,43 m voneinander abstehen und damit den beabsichtigten Normalabstand der Säulen untereinander angeben. In etwas grösserer Entfernung stehen die beiden äussersten Säulen von den Schmalwänden ab, die Entfernung der Fundamente beträgt hier 2,32 m.

Es muss auffallen, dass der Fussboden der Cella ca. 38 cm tiefer liegt als die Schwelle, so dass der Eintretende eine oder wahrscheinlicher zwei Stufen hinabsteigen musste; und doch kann darüber kein Zweifel sein, denn der gesammte Schutt des Oberbaues lag in der Höhe der Oberfläche der Säulenfundamente. Der Fussboden bestand wahrscheinlich nur aus dem Estrich, der jetzt noch vorhanden ist, d. h. einfach fest gestampfter Sanderde. Auf diese fiel das gesammte Holzwerk der Decke und des Daches, und die glühenden und brennenden Holzmassen, von denen heute noch die kleinen Kohlenstückchen zeugen, haben mit ihrer Gluth den Estrich so geröthet und gehärtet, dass er bei der Grabung leicht zu erkennen und zu reinigen war. Nach der Rückseite zu senkt sich der Fussboden noch einmal gleichmässig bis zu einer Tiefe von 58 cm unter der Schwelle (vergl. den Längsschnitt auf Abb. 52). Wie man sich diese Schräge des Fussbodens im Sinne der Längsaxe als eine Folge ungleichmässiger Setzung des Füllmaterials vorstellen muss, so könnte man auch das Tieferliegen des Fussbodens unter der Schwelle ähnlichen Einflüssen zuschreiben, wenn nicht die verhältnismässige Mächtigkeit dieser Senkung dagegen spräche.

Verschiebungen dieser Art sowie eine ziemlich beträchtliche Ungenauigkeit der Bauanlage lassen zwar auf eine theoretisch genaue Berechnung eines etwa vorliegenden Grundmaasses verzichten, indessen scheint ein Fuss von 0,304 m den Maassen des Grundrisses am meisten zu entsprechen. Man hätte dann die Säulenfundamente mit 2' anzusetzen, ihre Entfernung von einander mit 6' (= 1,82 m), die Entfernung der Säulenfundamente von den Langseiten mit 12' (= 3,64 m), von den Schmalseiten mit 7½' (= 2,28), die Gesammt-Cellabreite mit 26' (= 7,904), die Cella-Länge mit 65' (= 19,74), die Thür mit 4' (= 1,22) u. s. w. Die letzten beiden Intercolumnien sind mit einer späten schlechten Mauer zugesetzt und zwar als das Dach noch unverletzt stand, denn dessen Reste liegen auf dieser Mauer ebenso wie auf der daneben liegenden grabartigen Anlage, die schon vor dem Herabstürzen des Daches, wie der Befund zeigte, absichtlich zerstört war. Die Anlage bestand aus vier 15 cm dicken nebeneinander gelegten Platten, auf welche hochkantig andere 45 cm hohe Platten zu einer rechteckigen Einfassung aufgesetzt wurden, die 1,13 m breit und 2,60 m lang ist. Ob auf dem Ganzen früher einmal eine Decke gelegen habe, liess sich nicht mehr feststellen. Die Oberkante der hochkantigen Platten ragt 20 cm über den Fussboden empor. Die Unterlagsplatten sind ihrer Zeit absichtlich zerschlagen, unter diesen das Füllmaterial bis auf den natürlichen Fels ausgehölt, dann aber die Stücke der Platten wieder hineingeworfen worden. Man kann wohl kaum zweifeln, dass man es hier mit den Anzeichen einer mit Ausdauer durchgeführten Beraubung der Anlage zu thun hat, und der Umstand, dass die Unterlagsplatten durchschlagen und das darunter liegende Erdreich tief durchwühlt ist, lässt vermuthen, dass die beabsichtigte Beraubung ohne Resultat verlief.

Ehe wir zur Betrachtung des Oberbaus übergehen, sehen wir noch die nähere Umgebung des Tempels selbst an.

Nahe der Westecke des Fundaments ragen die unteren Schichten auf eine Länge von ca. 3½ m stufenförmig vor; an sie schliessen sich senkrecht abgehend zwei

Stufen an, deren Bestimmung, da das Terrain hier ansteigt, weniger unklar ist, als die
der drei Stufen in der Nähe der Südecke, von denen nur das sicher ist, dass sie gleichzeitig oder älter als das Tempelfundament sein müssen, da sie zum Theil unter diesem
fortlaufen. Sie reichen bis zu einer senkrecht vom Fundament abgehenden Mauer aus
nicht sehr sorgfältig gelegten quaderähnlichen Steinen, die mit derjenigen, welche die
westlichen Stufen abschneidet, in irgend einer Weise zu correspondieren scheint. An
die Mauer der Südecke schliesst sich eine Reihe mit dem Tempel parallel laufender,
sorgfältig auf das Felsfundament gebetteter Steine an, die als die Begrenzung des hinter
der Tempelrückseite gelegenen Platzes gedacht werden müssen.

Dieser Platz war für den Tempeldienst offenbar darum von hervorragender Bedeutung, weil die vor der Front gelegenen Felsgruppen hier einen geeigneten Raum
dazu nicht boten. So war denn auch von dort ein directer Zugang zur Oberfläche des
Tempelumgangs durch eine Rampe oder eine Treppe hergestellt, deren Gewände an die
Südecke angebaut war.

Vor der Mündung des früher erwähnten Canals, also etwa in der Mitte der Tempelrückseite, liegt zuerst eine Quader, dann (vergl. Abb. 56) eine Säulentrommel mit zwei
Versatzbossen von 0,49 m Durchmesser und 0,42 m Höhe, daneben in einer Entfernung

Abb. 56. Ansicht der Inschriftbasis an der Tempelrückseite.

von ca. 62 cm von der Tempelwand die Basis für eine Marmorstatue, auf deren Vorder-
fläche die in Abb. 57 facsimilierte Inschrift eingegraben ist. Die Basis zeigt auf ihrer
Oberfläche eine Vertiefung von ca. 6 cm für die Standplatte der Statue. Neben ihr
lagen die Splitter und die Fragmente einer männlichen unbekleideten Figur aus gross-

4*

körnigem weissem Marmor, von der sich ausser einigen formlosen Bruchstücken ein Unterschenkel, die beiden Oberschenkel und Unterarme erhalten haben. Leider war die Epidermis sehr stark — offenbar durch Feuer — zerstört, so dass eine Abbildung nutzlos sein würde. Der mittlere Theil der Inschrift[1] ist ausgebrochen (vergl. Abb. 57),

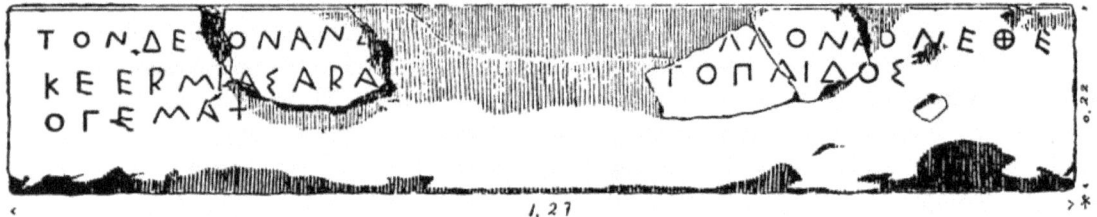

Abb. 57. Inschrift von der grösseren Basis. Mstb. 1 : 7½.

drei anpassende Bruchstücke ergänzen das Epigramm, dessen Inhalt und Form einer eingehenden Würdigung von berufener Seite vorbehalten bleiben muss, leider nicht vollständig. Die Buchstaben sind mit grosser Sorgfalt in die glatt gemeisselte Fläche eingehauen.

Unmittelbar neben dieser Inschriftsbasis stand eine zweite kleinere aus Liparit, deren Oberfläche ebenfalls die Vertiefung für eine darauf gesetzte Statue enthält, ohne Inschrift (Höhe 0,31, Breite 0,83, Tiefe 0,54 m). In der Nähe dieser beiden lag umgestürzt eine dritte, deren ursprünglicher Standort, wenn auch nicht mehr genau anzugeben, doch in unmittelbarer Nähe zu suchen ist. Sie war abweichend von den beiden andern hochkantig aufgestellt und enthielt oben eine rechteckige Vertiefung, vielleicht für eine Inschriftstele (Höhe 0,77, Breite 0,525, Tiefe 0,315).

Abb. 58. Grundriss der Altar-Fundamente an der Rückseite des Tempels. Mstb. 1 : 150.

Stellt sich schon hierdurch der Platz als eng verbunden mit dem Tempelcult dar, so wird dies noch deutlicher durch zwei bemerkenswerthe Fundamente, von denen das grössere und besser erhaltene etwa 5 m von der Wand, nicht parallel zum Tempel, das zweite nördlich 2,30 m von diesem entfernt in gleicher Richtung mit jenem aus wohlgefugten Liparitquadern aufgebaut ist (vergl. Abb. 58). Das grössere 4,80 m lang, 4,10 m breit

[1] Ein Facsimile davon ist inzwischen in den Sitzungsberichten d. Berl. Akad. 1891 S. 964 f. veröffentlicht und von A. Kirchhoff besprochen worden. Vergl. den Nachtrag hierzu unten S. 50.

besteht aus zwei Quaderschichten, deren untere als eigentlich nicht sichtbar zu denkendes Fundament unregelmässig über die obere hervorsteht. Die nördliche Seite ist in der Mitte unterbrochen, wahrscheinlich zerstört. Die nach innen zu unregelmässig gebildeten Quadern sind mit kleinern Steinen hintermauert, während der Innenraum aus Humus mit vielen kleinen Knochenfragmenten und Asche besteht. Man hat daher hier einen ursprünglich aus der Asche verbrannter Opferthiere gebildeten und später ummauerten Altar zu erkennen, wie sie vielfach erwähnt werden.

Sowohl der grosse als der daneben liegende kleine, stark zerstörte Altar brauchen nicht nothwendig auf die Tempelgottheit selbst bezogen zu werden. Denn während die Inschrift, die Statuenreste und der in dieser ganzen Gegend der Troas übliche Apollo-Cult den Tempel für diesen Gott in Anspruch nehmen lassen, dürfen für die Altäre die hier gefundenen Terracotten (Abb. 39, 40, 43, 45, 46) nicht ausser Acht gelassen werden.

Vom Aufbau des grossen Altars stammt sehr wahrscheinlich eine Reihe von Kymatien, die hier gefunden sind und im Stil denen vom Tempel zwar nahe stehen, doch ein entschieden jüngeres, wenngleich noch immer archaïsches Aussehen haben und namentlich in der Flächenbehandlung stark von denen des Tempels abweichen (vergl. Abb. 59). Ausser dem beistehend abgebildeten Stück ist noch ein zweites mit beiden Stossflächen gefunden von 1,00 m Länge, das auf beiden Seiten dieselbe Klammer wie Abb. 59 links enthält. Am Ende der Klammer sitzt noch der Bleiverguss, der sich nicht über das ganze sehr schwache Eisenstück erstreckt zu haben scheint. Letzteres ist meines Wissens eben so wenig wie die Form der Klammer an antiken Architekturstücken anderer Orte

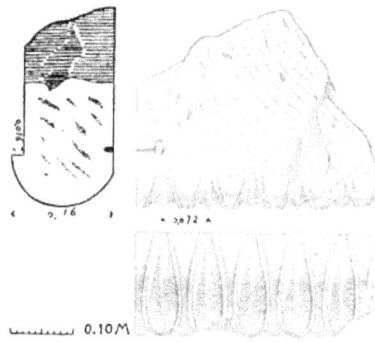

Abb. 59. Kymation vom Altar.

bisher beobachtet worden. Die Form der langgestreckten Blätter steht im Ganzen den Tempelkymatien nahe, die Blätter sind aber tiefer ausgehölt und unten durch ein kleines Zwischenblatt getrennt, was bei den Tempel-Capitellen nicht der Fall ist.

Zur Reconstruction des Tempel-Aufbaues ist vor allen Dingen die Sichtung der meist sehr stark zertrümmerten Bautheile und die genaue Erwägung der Fundumstände nötig.

Der Tempel-Fussboden war nicht mehr als etwa einen Meter hoch mit Schutt bedeckt, und zwar lagen unten unmittelbar auf dem Estrich einige zersplitterte Fragmente

der Capitelle; die verkohlten Holzreste des Daches und die meist zu ganz kleinen
Stücken zerbrochenen Dachziegel waren gleichmässig über das ganze Innere vertheilt.
Auf dieser Brandschicht lag eine starke Schicht Humus mit wenigen architektonischen
Fragmenten und Handsteinen untermischt, die Oberfläche aber zeigte wiederum eine
grössere Anzahl von Fragmenten und Handsteinen, zwischen denen die Stacheleichen-
Büsche üppig wucherten. Ueber den äusseren Mauerkanten war dieser Bestand nicht so
klar zu erkennen, vielmehr waren die Spuren der einzelnen Schichten durcheinandergemischt. Danach lässt sich von der Zerstörung des Denkmals etwa folgendes Bild entwerfen. Als das Dach des Tempels in Brand gerieth, war der Fussboden unverletzt
und verhältnissmässig rein; auf ihn fielen diejenigen Splitter der Säulentrommeln und
namentlich der Capitelle, die die starke aber ungleichmässige Erhitzung vom Stamm abgesprengt hatte. Darauf stürzte das brennende Dach, während Wände und Säulen mit ihren
Capitellen noch eine geraume Zeit stehen blieben. Erst nach längerer Zeit, als sich auf
dem Brandschutt schon eine verhältnissmässig beträchtliche Humusschicht gebildet hatte,
stürzten, wohl nach und nach, die Wände, die Capitelle und die Säulen, von denen
dann dasjenige allmählich geraubt wurde, was den Epigonen noch verwendbar erschien.
Dazu gehörte auch die äussere Schicht des Unterbaus mit seinen Quadern, die künstlich
abgebaut und verschleppt wurden. Namentlich scheint man den Platz hinter der Rückseite geradezu als Steinmetzplatz benutzt zu haben, denn es finden sich gerade hier
eine Menge von Capitellfragmenten, die absichtlich abgeschlagen sein müssen, wohl um
aus den rundlichen Blöcken kubische Baustücke für moderne Gebäude zu gewinnen.
Das weiche, leicht zu bearbeitende und doch in hohem Grade wetterbeständige Liparit-
Material ist noch heute in der Umgegend so beliebt, dass förmliche Ausgrabungen nach
einem einzigen derartigen Stein unternommen werden.

Aus dieser Geschichte der Zerstörung folgt, dass nur bei den unmittelbar auf dem
Estrich gefundenen Splittern ihre Fundstelle für den Nachweis ihrer Zugehörigkeit zu bestimmten Säulen in Betracht gezogen werden kann, und auch bei diesen muss man im
Auge behalten, dass die Loslösung der Fragmente vom Stammblock nicht immer so vor
sich gegangen sein wird, dass diese unmittelbar neben die Säule fielen, sondern dass die
Gewalt der Erhitzung diese Stücke beträchtlich weit fortgeschleudert haben kann, so dass
man nur für die wenigen in grösserer Anzahl beieinander gefundenen Stücke einen wirklich festen Anhalt für ihren ursprünglichen Standort gewinnt.

Es ist nunmehr die Frage zu erörtern, ob der Umgang um die Cella ein
freies Plateau darstellt, oder ob man sich die Cella theilweise oder ganz mit einer
Säulenhalle umgeben vorzustellen hat. Ich sehe dabei gänzlich von der naheliegenden Erwägung ab, dass die Capitelle mit ihren weit ausladenden Voluten Schwierigkeiten für die Eckbildung geboten haben müssen, denn man könnte eine Eck-

lösung mit diesen Formen immerhin für möglich halten, falls die Annahme eines Peripteros aus anderen Gründen wahrscheinlich sein sollte, was jedoch wie wir sehen werden nicht der Fall ist.

Zwar lässt das Verhältniss des Podiums von 1 : 2 die Absicht des Baumeisters nicht verkennen, diesem Bautheil eine gewisse Wichtigkeit zu verleihen; der Umstand aber, dass der Umgang weder auf den Langseiten noch auf den Schmalseiten gleich gross ist (vorn 2,23, hinten 2,36, rechts 1,55, links 1,98 breit), legt die Vermuthung nahe,dass man an die Aufstellung peripterer Säulen nicht gedacht hat. Dazu kommt, dass von einem besonderen Fundament für eine derartige Säulenstellung jede Spur fehlt. Wie die Fundamente für Säulen bei Einzelfundierung beschaffen sein müssten, sieht man an den inneren Säulen. Einzelne oder durchlaufende Fundamente aber müssten sich jedenfalls an der Front unverkennbar zeigen, wo die oberste Quaderschicht auf eine Länge von 5,40 m vollständig erhalten ist; gerade hier aber sieht man deutlich, dass die Stossfugen nie mehr als etwa 10 Centimeter weit aneinanderschliessen, von da an aber sich stark keilförmig öffnen, was mit dem Träger eines Stylobates völlig unvereinbar ist. Die mauerartige Gestaltung der Aussenkante des Podiums im Südosten als ein durchgehendes Säulenfundament aufzufassen, ist deswegen unmöglich, weil diese Art der Kantenbildung in einer Entfernung von 4¹/₂ m von der Süd-Ecke aufhört und in die an sämtlichen übrigen Seiten allein zur Verwendung gekommene compacte Bauart übergeht. Auch sieht man an der ganz analog gebildeten Canal-Uebermauerung, dass es sich hier nur um eine lediglich an der tiefsten Stelle des Baues zur Anwendung gekommene Handwerks-Gewohnheit handelt.

Der Tempel war also eine einfach ummauerte Cella auf selbständigem Unterbau, der an der Front in fast gleicher Höhe mit dem Terrain liegt und darum der späteren Podium-Tempeln unentbehrlichen Front-Stufen entrathen konnte. Podien an Tempeln bei prostylen und ähnlichen Cellen, wie an der „Maison carrée" zu Nismes, sind ja häufig. Dagegen fehlte es bisher an solchen Formen für periptorale Grundrisse wesentlich infolge unrichtiger Interpretation der betreffenden Ruinen, nämlich derer von Aezani, Ephesus und dem Sminthium zu Kulakly, welche unrichtig auf einen vielstufigen ringsumlaufenden Unterbau gedeutet wurden. Ein sicheres und zugleich ausserordentlich bedeutendes Beispiel eines grossen Peripteros auf einem ca. 6 m hohen Podium mit vielstufiger Freitreppe an der Front liegt in dem Tempel von Tarsus vor, der nicht nur in der Grundrissbildung sondern auch in den absoluten Maassen mit dem Didymaion fast identisch ist[1]). Nach dieser grade in Bezug auf das Podium und die

---

[1]) Vergl. R. Koldewey, Das sogenannte Grab des Sardanapal zu Tarsus, in „Aus der Anomia" S. 178 ff. Berlin, Weidmann 1890.

Fronttreppe vollständig deutlich erhaltenen Ruine haben wir zunächst Texiers Restauration von Aezani[1]) richtig zu stellen, wo von einem ringsumlaufenden Stufenbau selbst in Texiers eigenen Aufnahmen keine Spur angedeutet ist, nur das Podium ist vorhanden. Weiter wird man nun Philos Beschreibung[2]) des zehnstufigen Unterbaues am Ephesischen Tempel nur auf die Frontstufen beziehen dürfen, zumal mit den Worten καὶ περὶ ... offenbar erst die leider gerade hier abbrechende Beschreibung dessen beginnt, was ringsherum war, nämlich des Podiums; bekanntlich geben Woods Aufnahmen in diesem Punkte keine Klarheit. Schliesslich ist auch am Sminthium zu Kulakly[3]) nur ein grösseres Fundament für das Podium vorhanden und der nothwendige Treppenaufgang — von Pullan an allen vier Seiten angenommen — ist nach Maassgabe des Vorigen nur an der Front zu denken. Einer solchen Vorstellung entsprechen durchaus die Angaben Vitruv's III 4, 4, wo die „gradus in fronte" d. h. die Frontstufen eines Podiumtempels von den „circa aedem gradus", den gewöhnlichen drei Tempelstufen unterschieden und dann die Verhältnisse des circa aedem ex tribus lateribus podium erörtert werden. Aber einen vielstufigen ringsumlaufenden Unterbau, wie ihn die genannten unrichtigen Restaurationen annehmen, kennt Vitruv nicht.

Das Podium des Tempels von Neandria ist also der bescheidene Vorläufer der mächtigen Anlagen, deren sich die Hochblüthe kleinasiatisch-ionischer Tempelbaukunst zur würdigen Aufstellung ihrer Bauten bediente.

Ueber eine etwaige, allerdings nicht wahrscheinliche Schwellung und über die Höhe der Säulenschäfte geben die Funde keine Auskunft. Die Verjüngung war analog der an alten dorischen Säulen jedenfalls sehr bedeutend. Der untere Durchmesser der zweiten Säule (vom Eingang aus gezählt), der sich wenigstens auf einen Centimeter genau messen lässt, beträgt 53, der vom untersten Capitellglied 40 Centimeter, so dass der Schaft einen stark verjüngten glattrunden Stamm ohne Basis bildete. Er war aus einzelnen Trommeln zusammengesetzt, deren eine, vor der Rückseite gefundene eine Höhe von 42 cm hat. Sie hat unten einen 5½ cm hohen, 3 mm zurückliegenden Rand, der die beabsichtigte Trommel-Oberfläche anzeigt und den eigentlichen Durchmesser zu 0,484 angiebt, während der Mantel noch zwei von den Versatzbossen aufweist. Sie gehört also zu einem Schaft, der nicht ganz fertig geworden ist, und wir werden sehen, dass auch Capitellstücke, welche der mittelsten Säule angehörten, unfertig versetzt sind. Die glatt gemeisselten Lagerflächen sind ohne Dübel, die 35 und 65 mm grossen runden Dübel an zwei anderen Trommelfragmenten müssen also der Oberfläche der ober-

[1]) Asie min. I T. 25 ff.
[2]) De septem orbis spectaculis 6: πρῶτον μὲν ἔξωθεν ἐβάλετο κρηπῖδα δεκάβαθμον διεγείρων πρὸς βάσιν μετεωροφανὲς καὶ περὶ . . . . .
[3]) Antiquities of Ionia IV T. 26.

sten Trommel angehören, wo sie mit dem Capitell verdübelt war, während die Trommeln unter sich und mit dem Fundament ohne Dübel blieben.

Ueber die Zugehörigkeit der drei Capitellbestandtheile zueinander, nämlich eines frei überfallenden Blattkranzes, eines in sich geschlossenen Kymation und des Volutenstückes (vergl. Abb. 60) kann wegen der Anzahl der gefundenen Stücke kein Zweifel aufkommen. Es existieren nämlich von dem Blattkranz sicher 5 (wahrscheinlich 7) verschiedene Exemplare, von den Kymatien sicher 3 (wahrscheinlich 4) Stücke, so dass schon die Anzahl der ganz sicheren Stücke (8) die Anzahl der Säulen (7) überschreitet und dies Verhältniss nur durch die gleichzeitige Anwendung beider Glieder an ein und derselben Säule erklärt werden kann. Dieses Resultat wird durch die Beobachtung gesichert, dass zwei von den frei überfallenden Blattkränzen paarweise vorkommen. Es stimmten also je zwei unter sich im ganzen überein, während sie in der Grösse einzelner Glieder namentlich der Rundstäbe, voneinander gerade genügend abwichen, um erkennen zu lassen, dass von jeder Blattreihenform zwei unter sich übereinstimmende und nur in ganz untergeordneten Gliedern abweichende Exemplare gemacht worden sind, so dass im Kranz die erste mit der siebenten Säule, ebenso wahrscheinlich die zweite mit der sechsten und die dritte mit der fünften übereinstimmte, während für die übrig bleibende vierte, die mittelste, die Blattreihen überhaupt nicht ausgearbeitet sind, sondern der Kranz als eine glatte Drehform versetzt worden ist.

Sicher ist ferner, dass das Kymation auf den Blattkranz als den untersten Theil des Capitells folgte, da die Oberfläche des Kranzes von Abb. 62 keinen Dübel hat, also nicht unmittelbar unter dem an der Unterfläche mit einem Dübel versehenen Volutenstück gesessen haben kann. Hierzu bietet die Form des persischen Capitells[1] eine Analogie, bei welchem in ähnlicher Weise auf den Schaft zunächst ein hoher stark ausladender Blattkranz folgt, dann ein kymationartiges Glied und dann der Volutentheil, alles allerdings, namentlich an den beiden oberen Gliedern, — von der Zuthat der Stiere ganz abgesehen — in einer orientalischem Geschmack entsprechenden Umgestaltung, doch in der Reihenfolge mit dem westlichen Typus übereinstimmend.

Somit ist die Gestalt des Capitells in seiner Dreitheilung insoweit vollständig gesichert, als die Anzahl und die Aufeinanderfolge der characteristischen Glieder feststeht. Dagegen ist nur für die erste und siebente Säule die Zusammengehörigkeit gerade dieses Blattkranzes und gerade dieses Kymation durch die Fundstelle gesichert; der Blattkranz von Abb. 61 könnte möglicher Weise auch zum Kymation von Abb. 62 gehört haben und umgekehrt, worauf aber weniger anzukommen scheint, als auf die jedenfalls sichere Anzahl und Reihenfolge der drei Glieder.

[1] Puchstein, Das ion. Capitell S. 57.

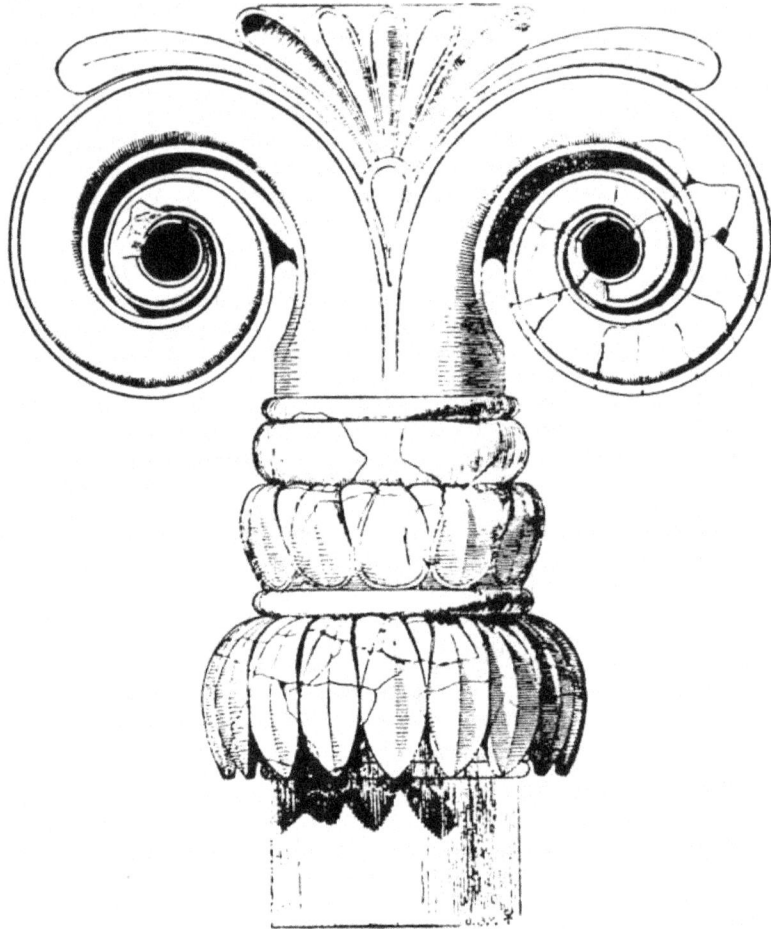

Abb. 60. Von Säule I und VII. Mstb. 1:10.

Diese im Einzelnen zu betrachten knüpfen wir an die Abbildungen 60, 61, 62 an.
(Abb. 60.) Zur Vermessung des 18blättrigen Kragens ist zuerst ein volles
Blatt, flach aufgerollt, gezeichnet und sein Profil festgestellt worden. Darauf erst
konnte der Durchmesser, der wegen der vielfach zerbrochenen Stücke an sich unmittelbar nicht zu messen war, deshalb mit verhältnissmässiger Genauigkeit berechnet
werden, weil man sich nur zwischen 17, 18 oder 19 Blättern zu entscheiden hatte,

was mit Sicherheit anging. Die grösste Zahl von 19 meist handgrossen Fragmenten ist bei der ersten Säule (immer vom Eingang aus gerechnet) gefunden, wenige bei der siebenten. Der zugehörige untere Rundstab (7 Fragmente), von denen drei im westlichen Theil der Cella, die übrigen vor der Ostfront lagen, ist 27 mm hoch und nicht genau kreisförmig geschnitten. Unten ist die Auflager-Spur daran zu erkennen, dass der äussere Theil vom Feuer geschwärzt ist, der innere aber noch die natürliche Farbe des Steins trägt; diese Spur hat einen Durchmesser von 0,399 m, woraus hervorgeht, dass der Rundstab über den Säulenschaft hervorragte. Die Stücke sind oben alle gebrochen und die unmittelbaren Ansätze an den Blattkranz nicht vorhanden; das höchste Stück misst 0,093 m, während die Unterhöhlung an der Innenseite der Blätter auf 11 cm zu messen ist. Der obere Rundstab ist nicht erhalten, so dass seine Höhe unbestimmt bleiben muss. In der Zeichnung ist die Höhe des gesamten Gliedes zu 0,30 angenommen, nämlich gleich der Höhe des Kymation und gleich der halben Höhe des Volutenstücks, so dass die Höhe des Rundstabs auf 4 cm sich beläuft. Sein Ansatz an die Blätter ist bei einigen Stückchen, wenn auch in geringen Resten, noch sichtbar. Die Blätter sind mit einer bewundernswürdigen Sorgfalt und Sicherheit gearbeitet und die glatte, geschliffene Fläche des schönen Materials ist sehr gut erhalten. Sie sind durch eine scharfe Rippe in der Mitte getheilt, beide Seiten aber flach (2 mm tief) ausgehölt, die äusseren Kanten senkrecht eingeschnitten und der Zwickel zwischen den Blattansätzen wieder bis zur gemeinsamen Oberfläche emporgewölbt. Alle Blattformen sind auf dieselbe Art gebildet mit der einzigen Abweichung, dass an einzelnen Gliedern die Blätter noch mit einem glatten Steg umrahmt worden sind.

Dieses ist namentlich der Fall beim oberen Kymation, von welchem zwei Stücke ausserhalb des Tempels, hinter der Rückseite, und ein Blatt bei der ersten Säule gefunden worden sind. Der Ansatz an den Torus darüber ist an diesen Stücken nicht erhalten, wohl aber an dem mit einem Rundstab abgeschlossenen Torus selbst, von dem vier Stücke vor der Ostfront gefunden worden sind. Dessen oberer Durchmesser beträgt 40 cm, und so gross hat man denn auch den Durchmesser des Volutenstückes anzunehmen, obwohl dieses nicht erhalten ist.

Es sind nämlich unmittelbar neben der ersten Säule als sicher zu diesem Capitell gehörig und für die Restauration verwerthbar nur 12 aneinander passende Bruchstücke der inneren Gänge der rechtsseitigen Frontvolute und ein Stück vom Auge der linksseitigen gefunden worden. Ueber die Restauration des Ganzen aber lässt der Vergleich mit den übrigen Volutenstücken keinen Zweifel, zumal auch von der rückseitigen Volute, die ohne Begleitsteg gearbeitet ist, und von einzelnen sonst bedeutungslosen Blätterpartien der Palmette kleine Splitter gefunden worden sind. Das Volutenstück hatte danach dieselben Haupteigenschaften, wie das gut erhaltene früher gefundene, wich aber in untergeordneten

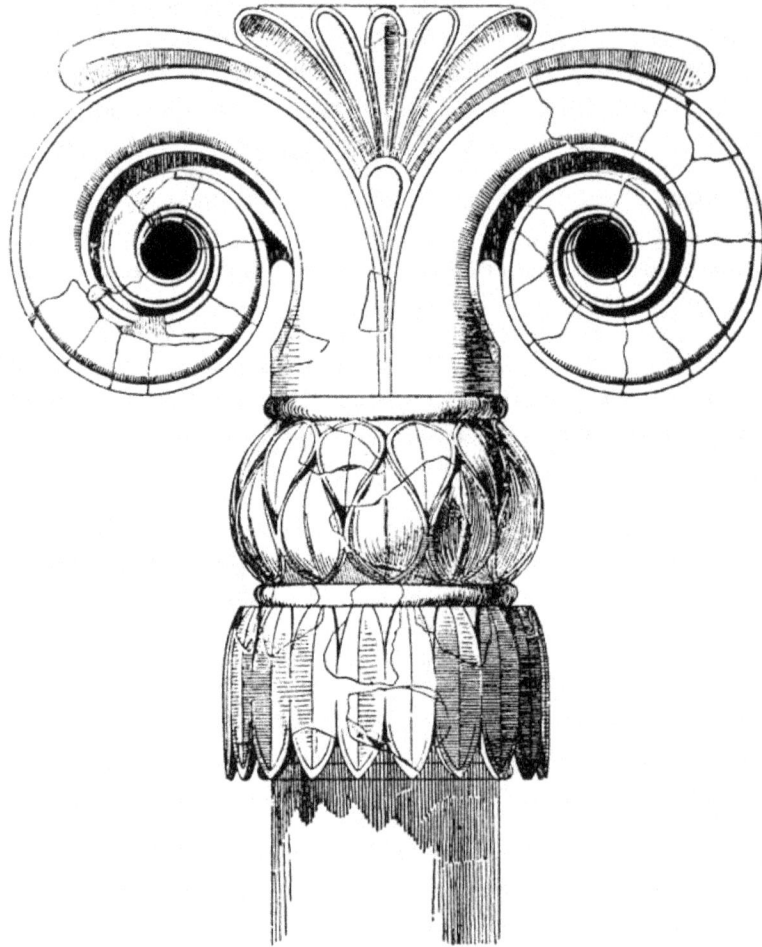

Abb. 61. Von Säule II und VI.

Einzelheiten davon ab; namentlich ist der Canal, welcher die einzelnen Volutengänge von einander trennt, hier bedeutend breiter und 6 cm tief. Die Augen sind wahrscheinlich vollständig durchbohrt gewesen, da die Innenfläche bis zu 11 cm Tiefe glatt erhalten, also schon tiefer ist, als der Canal. Sie hätten daher streng genommen in der Zeichnung weiss gelassen werden sollen; da aber diese tiefen Höhlungen, wenn nicht ein anderes glänzenderes Materialstück eingefügt war, ganz dunkel ausgesehen haben müssen, so habe ich hier eine dunkele doppelte Schraffirung angewendet. Es muss besonders betont werden, dass die rückseitigen Voluten nicht durch einen Steg eingerahmt, sondern glatt gelassen und nur durch einen Canal zwischen den Gängen voneinander getrennt sind.

Von dem analogen Capitell der siebenten Säule sind sicher vorhanden sechs bei der siebenten Säule selbst gefundene Fragmente, von denen 5 zusammen passen. Sie gehören dem unteren Rundstabe des Blattkranzes an, sind aber um 9 mm höher (0,036). Weiter sind von dem Blattkranze 6 aneinander passende, 8 Blätter umfassende Stücke im Südosten der Cella gefunden, die — soweit ich bis jetzt ohne die mechanische Zusammensetzung der Fragmente urtheilen kann — nicht zu denen der ersten Säule gehören.

(Abb. 61.) Der Blattkranz, von welchem 2 Stücke mit dem Rundstab bei der sechsten Säule, 4 vor der Ostfront und 2 Blattspitzen gegen die Mitte der Cella hin gefunden sind, weicht ziemlich beträchtlich von dem in Abb. 60 ab. Der Querschnitt beginnt beim Rundstab nicht mit einer Curve, sondern mit einem horizontalen Stück, sodass dem Rundstab zunächst eine horizontale Fläche liegt, von welcher aus die 20 Blätter dann in mässig bewegter Curve abfallen. Die unteren Spitzen aber biegen sich nicht nach Innen, sondern hängen senkrecht herunter. Der untere Rundstab, der doch auch hier anzunehmen ist, hat sich nicht gefunden.

Noch bedeutender ist die Abweichung vom vorigen in dem grossen rundlichen Obergliede, bei dessen Höhe an einen dem vorigen ähnlichen oberen Torus wohl nicht mehr gedacht werden kann; jedenfalls ist weder dieser noch der obere Rundstab gefunden. Das Glied besteht aus 2 Blattreihen, von denen die Spitzen der einen in die Zwickel der anderen eingreifen. So entsteht durch die glatten Begleitstege das bekannte lineare Schema des runden einfachen Mäanders, das in älterer Ornamentik häufig auftritt.

Die in der Abbildung angegebenen Theile des Volutenstückes sind sämmtlich zwischen der sechsten und siebenten Säule gefunden. Zu den 15 zusammenpassenden Stücken der rechten und den 12 der linken Volute, die denen der ersten Säule ganz analog gebildet sind und daher ebensowohl zur siebenten Säule gehören können, kommen hier einige besonders charakteristische Stücke und sichern die Identität der Gesammtform mit der von Abb. 62. Das sind: ein Stück der Zwickelpalmette von der Front, drei Stücke der rückseitigen Palmette, dann der Zwickelansatz der Stelle, wo die Voluten sich von einander trennen, und die Endigung des an der Rückseite ja nicht auftretenden Begleitsteges.

Von dem Gegenstück zu diesem Capitell sind im westlichen Theile der Cella auf dem Schutt zwei Stücke mit oberem Rundstab und mit Blättern des Blattkranzes gefunden worden, die im übrigen denen von Abb. 61 gleichen, nur ist der Rundstab höher

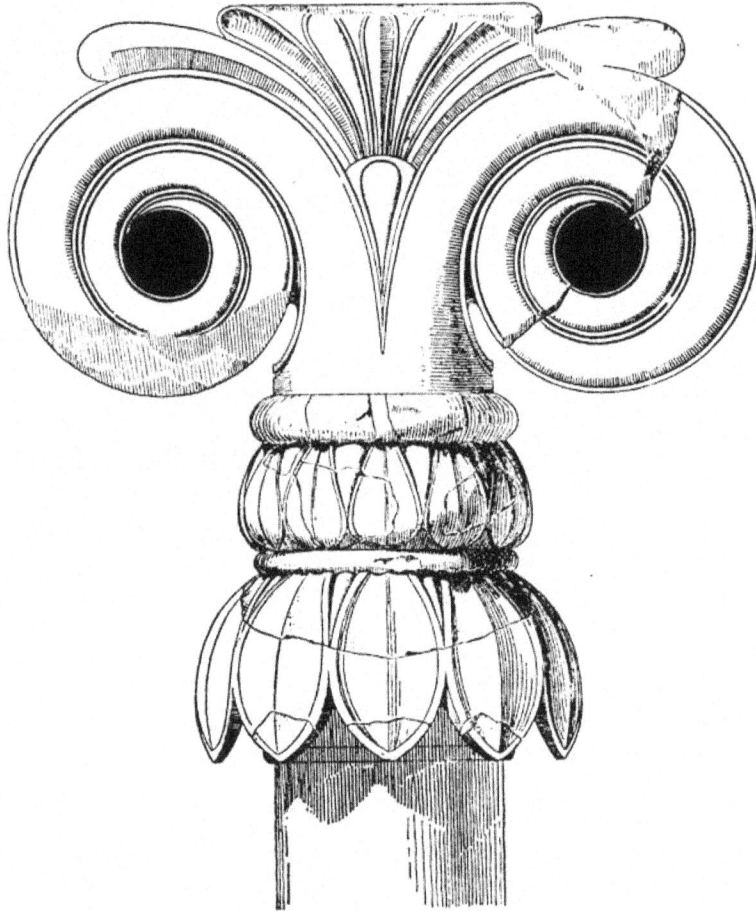

Abb. 62.   Von Säule III und V.

(0,039 m).   Auch von dem oberen Gliede hat sich vor der Ostfront ein Stück mit 2 Blattspitzen und unterem Auflager gefunden, die mit den beschriebenen, auch im Profil, über-
einstimmen, nur etwas spitzer sind.   Die Stelle, wo die Blätter sich gegenseitig ineinander fügen, ist nicht erhalten.

(Abb. 62.)   Das letzte Paar — der dritten und fünften Säule — schliesst sich in
seiner Formgebung mehr dem ersten an.   Der grosse Blattkranz hat weniger (10) Blätter,
die entsprechend breiter sind und im Profil weiter vorspringen.   Hiervon ist vor der Ostfront

ein grosses Fragment gefunden, das auch die obere Auflagerfläche bis über die Mitte hinaus enthält und ohne Dübel ist. Die Blätter haben einen verhältnissmässig breiten Begleitsteg. Eine von den drei aufgefundenen Blattspitzen ist im Inneren etwa in der Mitte der Cella gefunden, die übrigen ausserhalb an der Ostseite. Der untere Rundstab fehlt wie bei dem vorigen Paar, und ich glaube mir sein Verschwinden daraus erklären zu dürfen, dass dieser Theil zu den geschütztesten gehörte und daher mit dem Block so lange vereinigt blieb, bis er bei dessen moderner Verarbeitung zerschlagen und vernichtet wurde.

Das Kymation ist im Uebrigen dem der ersten Säule sehr ähnlich, nur verläuft das Profil in der umgekehrten Richtung, so dass hier die scharfe Einbiegung unten statt oben liegt. Dadurch ändert sich auch etwas die Ansicht der sonst ganz analog gebildeten Blätter. Es sind 3 Fragmente vor der Ostfront gefunden, von denen das eine den Ansatz an den Torus enthält. Letzterer selbst liegt in 2 Fragmenten vor. Er hat eine geringere Höhe (0,074 m) als der frühere und ausserdem oben keinen Rundstab. Das Profil zieht sich nach oben stark zusammen, es liegt also das Bemühen vor, auf einen kleineren Durchmesser zu kommen.

Für die in der Zeichnung angenommene Zugehörigkeit des von Clarke bekannt gemachten Volutenstückes liegt kein zwingender Grund vor. Die Zugehörigkeit zum Tempel im Allgemeinen ist trotz der weit entfernten Fundstelle schon wegen der merkwürdigen und ganz gleichartigen Differenzirung der Vorder- und Rückseite wohl kaum zu bezweifeln. Auf die Uebereinstimmung der Maasse kann man sich nicht stützen, denn der Trunk (Abb. 63) ist kleiner, die übrigen Volutenstücke, die wegen ihrer starken Zertrümmerung in diesem Punkte nicht direct messbar sind, eher grösser als dieses. Da nun aber schon bei den untern Gliedern eine Verschiedenheit wahrzunehmen ist, insofern nur die Anzahl und die Aufeinanderfolge der Glieder nach ihren charakteristischen Eigenschaften überall beibehalten, in der Ausbildung der Form selbst aber grosse Abweichungen von einander zugelassen sind, so darf man auch bei den Volutenstücken eine absolute Gleichheit in der Form nicht erwarten. Andrerseits aber müsste man, wollte man dieses Volutenstück ausschliessen, auch den Trunk (Abb. 63) ausschliessen, in welchem Falle die Reste von zwei weitern Baudenkmälern in Neandria vorhanden wären, die erst noch gefunden werden müssten. Letzteres ist ja nicht unmöglich. Indessen wird man, so weit die Untersuchung bis jetzt gediehen ist, vorläufig in der Verschiedenheit der Volutenstücke genau dasselbe Bedürfniss nach einem Wechsel der Einzelformen erkennen dürfen, wie es sich bei den Kymatien und den Blattkränzen herausgestellt hat.

Von dem Capitell der fünften Säule sind 3 Fragmente vom Rundstab des Blattkranzes mit einzelnen Blattansätzen vorhanden, die genau so gebildet sind und dasselbe Profil besitzen, wie die zur dritten Säule gerechneten, nur ist der Rundstab wieder höher

(0,044). An zwei Stücken sind in die obere Auflagerfläche Linien in der Richtung des Durchmessers eingeritzt. Der Durchmesser dieser Lagerfläche scheint entschieden grösser zu sein, als der des Gegenstückes, doch sind die Stücke so kurz, dass die Feststellung des Durchmessers hier besonderen Schwierigkeiten unterliegt.

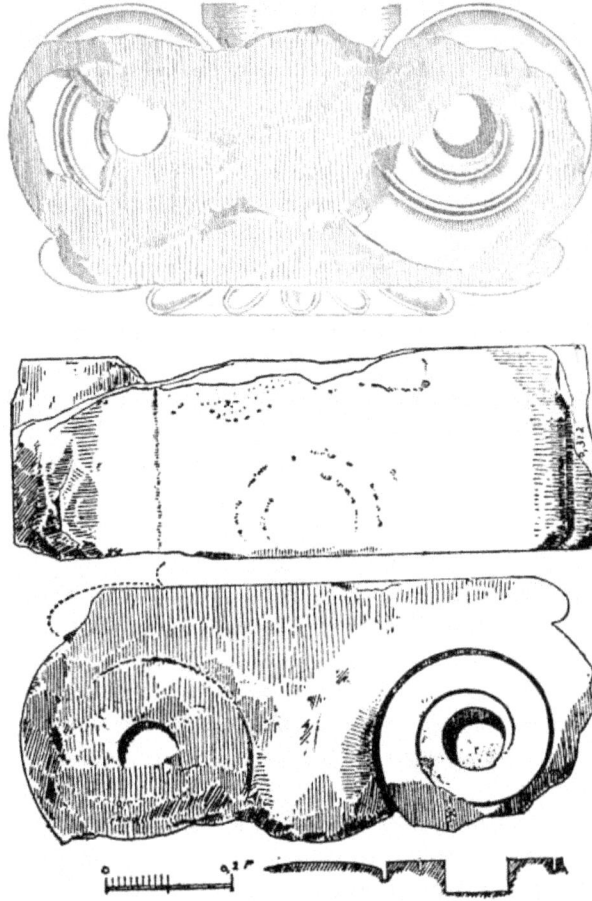

Abb. 63. Capitell, gefunden am Eingang der Cella in Vorder-, Ober- und Rückansicht.

(Abb. 63.) Zu den im Vorigen besprochenen Volutenstücken gesellt sich noch ein in der Cella links vom Eingang gefundener Trunk hinzu. Die Bearbeitung ist die bekannte. Vorn begleiten kantige Stege die erhaben rund gebildete Volute, hinten sind

die Stege weggefallen und die Volute ist glatt und nur durch den Trennungscanal bezeichnet (vergl. den Querschnitt auf Abb. 63 unten). Die Augen sind grösser als gewöhn-
lich (10 cm) und nicht durch den ganzen Block durchgebrochen, sondern nur 5 cm tief
eingelassen. Die Unterfläche des Blocks ist wie die beiden Fronten stark beschädigt,
doch sieht man noch den Rest des 4 cm im Durchmesser haltenden runden Dübels.
Die Trennungscanäle sind wieder schmaler und kommen Abb. 62 nahe, sie sind in der
Nähe des Auges $1\frac{1}{2}$, beim Beginn der Volute 3 cm tief. Die obere Lagerfläche ist horizontal abgemeisselt, so dass die oberen Theile der Palmette verschwunden sind; an der
Stelle jedoch, wo das weit ausgreifende Blatt sich an die Mittelpalmette anschliesst, ist
die Spur dieser Anschlussvertiefung noch stehen geblieben, so dass über die ursprüngliche Gestaltung kein Zweifel aufkommt. Ueber den Zweck dieser Abmeisselung siehe
unten Seite 43.

(Abb. 64) Für die mittlere, vierte Säule liegen einige grade in
der Mitte der Cella gefundene Stücke vor, die in ihrem Profil wohl
den bisher gefundenen Gliedern ähneln, die aber nur als Drehform
behandelt sind. Es sind 3 Stücke eines kelchförmigen Gliedes mit
anstossender unterer Auflagerfläche, dann 6 Stücke eines weit ausladenden Kranzes mit oberer Lagerfläche, ferner einige, welche dem
Kymation der ersten Säule im Profil ähnlich sind, aber keine Lagerfläche haben, schliesslich 5 Stücke eines dem Torus entsprechenden
Gliedes mit gebrochenem, dreiflächigem Profil. Das zugehörige Volutenstück hat man unter denjenigen Bruchstücken zu suchen, welche
den Rückseiten der übrigen Voluten genau gleich sind und daher unmöglich ausgeschieden werden können. Denn man kann hier
kein wohl ausgearbeitetes Volutenstück mit Begleitstegen erwarten,
wo schon die Unterglieder nur als Bosse behandelt sind. Dass die
aussen gefundene Säulentrommel, welche noch den Arbeitsmantel und
die Versatzbossen besitzt, offenbar auch von dieser mittleren Säule
stammt, ist schon oben Seite 32 ausgesprochen worden.

Abb. 64.
Unterglieder der
mittelsten Säule im
Querschnitt.

Zur Beurtheilung der Capitellform stehen wir jetzt auf einer sicherern und
einen weitern Ausblick gewährenden Basis, als vor der Auffindung der zugehörigen
Unterglieder.

Zunächst ist neben Neandria und Kulumdado auf Lesbos[1]) nunmehr auch das
aeolische Aegae als Heimath derselben Capitellbildung zu nennen, denn es kann nicht
bezweifelt werden, dass der von Bohn (Alterthümer von Aegae, Berlin 1889 S. 32 Abb. 31)
mitgetheilte Blattkranz identisch ist mit dem Blattkranz eines aeolischen Capitells von

[1]) Koldewey, Lesbos Taf. 16.

der Form Abb. 60. Vergegenwärtigt man sich dann, dass auf antiken Abbildungen die senkrechte Volute bald mit dem Torus[1]) bald mit dem Blattkranz[2]) durchaus nicht selten vorkommt, so verliert die echt aeolische Capitellform gänzlich ihren singulären Character, der ihr wohl früher anhaftete und aus dem allein man sich den schon von Puchstein (Ion. Cap. S. 56) zurückgewiesenen Versuch erklären muss, die ionische horizontale Volute aus der vertikalen aeolischen abzuleiten. Die feste Ausprägung der Hauptform und die Gleichmässigkeit in der Erscheinung der einzelnen Bestandtheile an den verschiedenen Orten zeigen deutlich, dass hier keine überleitenden Versuche in einer noch nicht bewältigten Formensprache vorliegen, sondern dass man es hier mit einem bis zur Unveränderlichkeit der Grundform befestigten Typus zu thun hat, der, wie die vorpersischen Funde auf der Akropolis[3]) beweisen, gleichzeitig und selbständig neben dem altionischen verwendet wurde. Es sind das zwei an demselben Stamme grünende Zweige, von denen der aeolische früher blüht und früher verdorrt, als der langsamer gewachsene aber ausdauerndere ionische. Dieser Auffassung von der Unabhängigkeit beider Bildungen widerspricht nicht das vereinzelte Vorkommen aeolischer Unterglieder an ionischen Capitellen. So benutzt das von Borrmann (Antike Denkmäler 1891 Taf. 29) abgebildete altionische Capitell den frei überfallenden Blattkranz; auch im Torus und Kymation des Erechtheion-Capitells fällt es nicht schwer Torus und Kymation des aeolischen wiederzuerkennen.

Für beide Arten aber wird sich bei vermehrtem Material als Stamm die Form des Capitells von Boghas-Köi ergeben, auf das mit Bezug auf das ionische Capitell schon Puchstein (a. a. O. S. 58) hingewiesen hat. In diesem ist die horizontale wie die verticale Tendenz beider Voluten-Arten latent enthalten, die horizontale in der oberen Linie, die verticale in dem unmittelbaren Anschluss der Volute an die senkrechte Schaftlinie. Ist diese Vermuthung richtig, so muss einerseits bei den ersten Versuchen zur Ausbildung der ionischen horizontalen Volute der untere Canalsaum gefehlt haben, andrerseits kann bei den ältesten aeolischen Versuchen zur Durchbildung der vertikalen Tendenz die Volutenlinie keine doppelte gewesen sein. Ersteres bestätigt sich an den conservativ gebliebenen Formen ohne unteren Canalsaum, die als besondere Art Puchstein zusammengefasst hat und deren Hauptrepräsentant das Capitell von Phigalia ist, letzteres an dem in der That nur mit einem einzigen Volutensteg ausgestatteten Capitell von Kolumdado[4]).

[1]) Clarke a. a. O. S. 18 und die Schlussvignette (¹/₃ der nat. Gr.), welche einem Sarkophag im Museum zu Constantinopel entnommen ist.

[2]) Ephimeris arch. 1885 Taf. 11, worauf mich Puchstein hingewiesen hat.

[3]) Borrmann, Antike Denkmäler I T. 18, 3. Die Abweichungen erklären sich durch den Zweck und den Ort.

[4]) Auf den dritten gleichwerthigen Zweig des Stammes von Boghas-Köi, das mit überkreuzten Volutenlinien ausgestattete cyprische Capitell, kann ich hier nicht näher eingehen.

Wir haben uns nunmehr die Beschaffenheit der Decke und des Daches nach Möglichkeit klar zu machen. Dass das ganze Dachwerk und zwar einschliesslich der Epistyle aus Holz bestand, bedarf kaum der ausdrücklichen Erwähnung; gefunden sind begreiflicherweise nur formlose Kohlenfragmente, die auf eine reichliche Verwendung von Nadelholz schliessen lassen.

Es fragt sich zunächst, ob die Hauptbalken direct über den Säulen quer zur Cella gelegen haben können. Dabei würde die Entfernung der beiden äussersten Balken von den Schmalwänden grösser werden, als die der übrigen Balken unter sich. War aber für die mittleren Balken eine Unterstützung durch Säulen nöthig, so war eine solche für einen unmittelbar neben der Wand liegenden ebenfalls nicht zu entbehren und einen solchen „Ortbalken" anzunehmen, dazu zwingt die nur an dieser Stelle ungleichmässige Anordnung der Deckbalken. Sind aber einmal die Ortbalken als unumgänglich nothwendig zu denken, so kann nur in der Längsaxe über den Säulen ein Hauptbalken gelegen haben, der über die erste und siebente Säule hinaus bis zur Wand durchging, wobei seine Spannung nur um eine Säulendicke grösser als über den Intercolumnien war. Auf diesem konnte dann der Ortbalken sein Auflager finden. In dieser Weise ergiebt sich zwanglos das beistehende Schema für die Hauptträger (Abb. 65). Nun ist bei den Capitellen schon mehrfach auf die absichtlich wechselnde Behandlung der Vorder- und Rückseite hingewiesen worden, und es ist undenkbar, dass etwa die voll ausgearbeitete Seite nach rechts, die andere nach links oder umgekehrt geschaut habe, vielmehr geht daraus hervor, dass die Capitelle sämmtlich ihre Front dem Eingang zugekehrt, demgemäss quer zur Längsaxe des Gebäudes und quer zu dem über sie gestreckten Holzepistyl gestanden haben. Das Capitell von Neandria ist also als „Querträger" verwendet worden und daraus erklärt sich die geringe Auflagerfläche von ca. 0,45 m im Vergleich mit dem als Längsträger fungirenden Capitell von Kolumdado, dessen Auflager von 0,88 m die beiden Seitenblätter noch mit umfasst. Zu gleicher Zeit gewinnen wir dadurch eine Erklärung für das Abschneiden des Capitells Abb. 63, das beim Schadhaftwerden

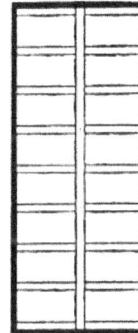

Abb. 65.
Anordnung der Hauptbalken.

des Epistyls durch Abmeisselung der Oberfläche zu einem Längsträger umgestaltet wurde. Merkwürdig ist hierbei die neu entstehende Umrisslinie, in welcher die Reste der abgeschnittenen Seitenblätter die Form eines altionischen Abacus[1]) annehmen. Ich halte es daher nicht für unmöglich, dass bei weiteren Funden dieser Gattung sich auch weitere Wechselbezüge zwischen dem ursprünglich nur an den Schmalseiten auftretenden ionischen Abacus und aeolischen Capitelltheilen ergeben.

[1]) Mittheilung. des röm. Instituts 1890 V S. 196 (Lokri).

Weiter kann es fraglich erscheinen, ob man sich die Decke horizontal über dem Epistyl liegend zu denken hat, oder ob vielleicht Dach und Decke eins waren und innen die Querbalken geneigt auf dem Epistyl lagen. Für letztere Anordnung scheinen die Deckenbildungen altphrygischer Gräber, so im „broken lion tomb“ von Demirli[1]), zu sprechen. Hier finden wir auch den Firstbalken, der ohne Stütze bleiben konnte, da das Denkmal in den Fels gearbeitet ist. Namentlich spricht aber die Anordnung des Ortbalkens für eine Uebereinstimmung in den Hauptconstructionen. Man ist also, bis deutlicher sprechende Monumente zu Tage kommen, berechtigt, in Neandria eine nach beiden Seiten schräge Decke, die dem Dach unmittelbar entspricht, anzunehmen.

Was die Endigung des Daches ausserhalb der Cellawand anbelangt, so scheint mir der freie Umgang auf dem Podium für ein weites Vorgreifen des Daches auf allen vier Seiten des Gebäudes zu sprechen. Doch entzieht sich dieser Punkt vorläufig ebensosehr einer einleuchtenden Behandlung, wie das Verhältniss jenes merkwürdigen Podium-Umganges zu den Säulen-Umgängen peripterer Tempel.

Deutlicher stellt sich der zweischiffige Cella-Grundriss in die Reihe gleichartig angelegter Bauten und zwar vorläufig als der älteste. Auf den ersten Blick muss die Anordnung einer Säulenreihe in der Längsaxe des Innenraums befremden, da der durch die Thür Eintretende gerade auf eine Säule zuschritt. Darum ist auch dieser Grundriss wohl zu unterscheiden von den bekannten griechischen Markthallen in Assos, Pergamon, Athen und anderen Orten, deren zweischiffige Anlagen ihren Hauptzugang von der Breitseite aus hatten, wenn auch für ihre mittlere Säulenstellung derselbe Zweck als Träger der Deckconstruction in Anspruch genommen werden muss. Näher steht schon der Grundriss der Schiffshäuser von Athen[2]), bei welchen aber jede der beiden Abtheilungen eines Hauses gesondert benutzt wurde, während die Cella in Neandria ein einheitliches Ganze bildete. Unmittelbare Parallelen treffen wir erst bei einer Reihe von Sacralbauten, die darum hier etwas eingehender besprochen werden müssen, weil ihre Grundrisse zum Theil noch nicht richtig interpretiert worden sind. Die sog. Halle von Thorikos[3]), bei welcher die mittlere Säulenreihe nicht sicher ist, muss wegen allzu mangelhaft bekannt gemachten Grundrisses unberücksichtigt bleiben. Deutlicher und in besseren Aufnahmen zugänglich ist das Gebäude zu Paestum, das man Basilica zu nennen pflegt[4]). Hier fehlte bisher die eigentliche Cella. Nun bemerkt man aber an der ersten Säule der mittleren Reihe, dass diese an dem Theile ihres Stammes ohne Canelluren geblieben ist, welcher über das erhöhte Innenpflaster nach

[1]) Journal of hell. stud. IX 1888, S. 356.
[2]) Πρακτικὰ τῆς ἀρχ. ἑτ. 1885.
[3]) Stuart and Revett. Ant. of Attica Ch. IX Pl. 1.
[4]) Labrouste, Les temples de Paestum, Paris 1877, T. XV.

aussen hervorragt, und diese Eigenthümlichkeit scheint mir nur durch die Annahme einer Quermauer an dieser Stelle, die sich symmetrisch am entgegengesetzten Ende des erhöhten Innenpflasters wiederholen müsste, erklärbar. Dazu stimmt eine Ausarbeitung auf dem Epistyl jener ersten Säule. Das Gebäude tritt also in die Reihe der Tempel mit zweischiffiger Cella ein. Nach dem Vorgange von Neandria und Paestum muss nun auch die Cella des alten Tempels von Lokri[1]) als eine zweischiffige Anlage aufgefasst werden. Von den ursprünglich 5 Säulenfundamenten dieser Cella stehen zwar nur noch 2, doch ist das Verschwinden der 3 fehlenden unschwer zu begreifen und der Umstand, der früher gerade gegen die Annahme einer Säulenstellung zu sprechen schien[2]), findet sein Analogon in der Cella von Neandria, dass nämlich die Abstände der äussersten Säulen von den Querwänden etwas grösser sind, als die Entfernungen der Säulen untereinander, was, wie wir gesehen haben, seinen Grund in der Deckbalkenanordnung hat. Die 5 Säulen selbst gewinnen bei dieser Anordnung, soweit sich auf dem Plan (Ant. Denkmäler I, 51) messen lässt, einen Abstand von 2,64 m (= 5 samischen Ellen nach Doerpfeld, Mitth. a. a. O. S. 182). Der alte Tempel tritt schon hierdurch in engere Beziehung zum neuen Tempel von Lokri, bei welchem dasselbe Grundmaass vorliegt, und unschwer lässt sich nun die Ringhalle des alten Tempels mit eben demselben Grundmaass von 2,64 m als ein Peripteros von 7 Säulen in der Front und 14 auf der Langseite erkennen. Wiederum einen Schritt vorwärts führt uns die Betrachtung des neuen Tempels von Lokri, der meiner Ansicht nach schon durch die Stylobatplatten-Eintheilung der Front[3]) als Heptastylos gesichert ist und sich so als eine fast genaue Wiederholung des alten Tempels herausstellt. Die Langseite des neuen ist nur um 3 Joche verlängert, im Uebrigen blieb die Siebenzahl der Frontsäulen und die Axenentfernung von 2,64 m an der Front und den Langseiten genau dieselbe wie beim alten Tempel. Unter diesen Umständen kann es nicht gewagt erscheinen, wenn man das Fundament in der Mitte der Cella des neuen Tempels als ein Säulenfundament betrachtet. Die übrigen vier sind zusammen mit dem grössten Theil des gesammten Baues verschwunden. Auch die Cella des neuen Tempels in ihrer Zweischiffigkeit ist nichts als eine Wiederholung der alten Tempelcella. Damit stehen wir vor der merkwürdigen aber doch nicht überraschenden Thatsache, dass die Peripteraltempel mit zweischiffiger Cella in der Front eine ungerade Zahl von Säulen haben: Thorikos, Altund Neu-Lokri je 7, Paestum 9, und vielleicht wird man nach einer ordentlichen Auf-

[1]) Mittheilungen des röm. Inst. 1890 V S. 161 ff.

[2]) Mittheilungen a. a. O. S. 172.

[3]) Die Aufschnürung für die Säulenstellung ist wahrscheinlich an den unteren Schichten in den „Maassstrichen" (a. a. O. S. 188 Anm.) zu erkennen, von denen das eine Paar sich offenbar auf die sechste Längsseitensäule bezieht.

nahme auch den siebensäuligen Tempel in Akragas dieser Reihe von Tempeln mit zweischiffiger Cella einmal zurechnen können, die als eine altübliche Gattung der Tempel
von Neandria kennen gelehrt hat.

Für die Dachdeckung ist durchgängig ein gut gebrannter rother Thon mit vielen
weissen Einsprengungen verwendet.

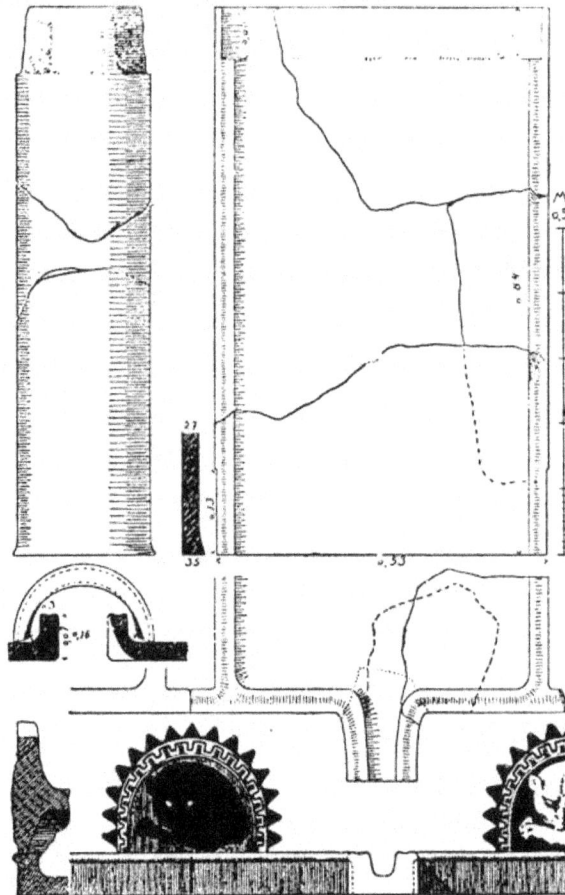

Abb. 66. Dachziegelsystem.

Das System besteht aus Flachziegeln von 53 cm Breite und 84 cm Länge (Abb. 66)
mit seitlich aufgebogenem Rande, die in bekannter Weise an ihrem unteren Ende mit

einer geringen Verdickung („Nase") versehen sind und an ihren Rändern vorn unten, hinten oben derart ausgeschnitten sind, dass sie beim Auflager ineinander passen ohne trapezförmig zu werden. Ihre Fugen waren überdeckt mit halbcylinderförmigen Ziegeln, die einen freien Durchmesser von 16 cm haben; die Länge, welche nicht erhalten ist, muss natürlich dieselbe wie die der Flachziegel, also 84 cm gewesen sein. Ihr Ineinanderpassen ist in derselben Weise erzielt, wie bei den Flachziegeln, ihr vorderer oberer Rand aber bei einigen schwächer, bei anderen kräftiger in die Höhe gebogen. Die Ziegel waren mit einer Schablone gestrichen, welche nach dem Querschnitt ausgeschnitten war; darauf waren die Nasen freihändig nass angearbeitet und der Ziegel scharf getrocknet; dann erst wurden die angegebenen Falze für das Ineinanderpassen trocken abgenommen und die Ziegel mit der schönen schwarzbraunen Farbe gefirnisst, die bei dem Brande schliesslich an einigen Stellen mehr, an anderen weniger röthlich anlief. Bei der Querschnittsform sind einige Feinheiten zu beobachten, die sonst selten vorkommen. Die unteren Kanten der Flachziegel sind abgefasst zur Vermeidung einer hier wenig nützenden und zu Sprüngen Veranlassung gebenden Schärfe, und die Oberflächen der aufgebogenen Ränder sind schwach muldenförmig vertieft. Die vorstehenden Nasen, mit welchen der Flachziegel auf dem darunterliegenden aufruht, sind weniger zu einer scharfkantigen Dichtung bestimmt als vielmehr den Rohziegeln angeheftet, damit sie beim Aufeinanderlegen nach Bedarf mehr oder weniger abgeschlagen werden konnten, was häufig zu beobachten ist. Dabei ist bemerkenswert, dass die Ziegel einer jeden Stadt in ihren Grössen nur sehr wenig variirten; denn nur hieraus erklärt sich die Aufstellung einer plastisch in Stein gearbeiteten Normalform für die Ziegelsysteme einer Stadt wie Assos (leider noch immer nicht veröffentlicht!). Man braucht daher die Herstellung besonderer Ziegel, die vielleicht lange Jahre vor der Verwendung fertig gestellt werden mussten, für ein bestimmtes Gebäude kaum anzunehmen, und daher kommt es, dass die Flachziegel bei manchen Gebäuden nicht unmittelbar aneinander schliessen. Der Spielraum zwischen den Flachziegeln beträgt am Tempel von Messa 1½ cm (4 Ziegel von 0,725 m Breite auf ein Joch von 2,96 m, Lesbos S. 56), am neuen Tempel von Lokri 6 cm (bei 4 Ziegeln von 0,598 m Breite [a. a. O. S. 201.] auf ein Joch von 2,64 m) und hier in Neandria 8 cm bei 4 Ziegeln von 0,53 m Breite auf ein Joch von 2,43 m, ein Zwischenraum, der von den runden Deckziegeln bequem gedeckt wird. Die unterste Reihe der Flachziegel hat auch vorn herum den aufgebogenen Rand, auf diese Weise die denkbar einfachste Sima bildend, die in der Mitte eines jeden Ziegels zu einem ca. 10 cm vorgreifenden Ausguss ausbiegt. Der mit einem kleinen Rundstab verzierte Simenrand, auf beiden Seiten noch etwas fortgesetzt, schliesst hier den zwischen je zwei Flachziegeln entstehenden Zwischenraum. Die Höhlung des untersten Deckziegels ist geschlossen durch eine an den Deckziegel angearbeitete Platte, die auf der Sima auf-

Abb. 67. Stirnziegel.

sitzt und an ihrer Stirnfläche (Abb. 67) das alterthümliche Bild eines nach Katzenart mit dem Kopf auf seiner Vorder-tatze ruhenden Panthers (?) trägt. Diese reliefierte Front war mit weissem Thon über-zogen und bemalt; Spuren der schwarzem Firniss ähnli-chen Farbe (in Abb. 67 dop-pelt schraffiert) sind am Kopf des Panthers und an dem Umrahmungsstreifen zu be-merken, wo sie eine maeän-derartige Verzierung bildeten (in Abb. 66 restauriert). Auf einem zweiten Bruchstück eines solchen Ziegels war der Reliefgrund schwarz und das Thier weiss.

Der First war gedeckt durch Rundziegel von ca. 40 cm äusserem Durchmesser; es sind nur ca. 20 Bruchstücke gefunden, die ein genaues Maass nicht nehmen lassen.

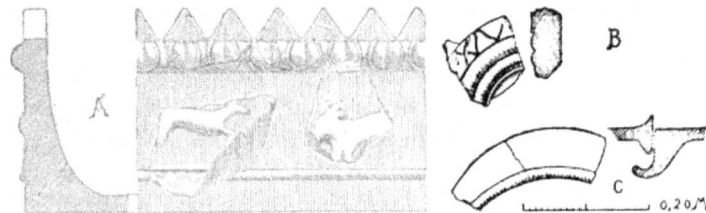

Abb. 68. A. Sima, B. Firstakoterion, C. Firstziegel.

Die Dichtungsart der Stossfugen ist in Abb. 68 C. dargestellt, während ihr Anschluss an die Flach- und Deckziegelreihen nicht bestimmt werden kann.

Die Frontsima, von der nur ca. 6 Fragmente vor der Westfront gefunden sind, stellt sich als der gewöhnliche von einem zackenbesetzten Reliefstreifen bekrönte Ziegelrand dar (Abb. 68 A). Auf dem in 2 stark corrodierten Stücken vorliegenden Relief erkennt man laufende Thiere. Auch die 2 Stücke vom Kymation sind stark beschädigt und lassen gerade noch die einstige Bemalung der Blätter mit rothbrauner Farbe erkennen.

Die Firstziegel endigten in ein Firstakroterion, von dem glücklicherweise ein Stück (Abb. 68 B) erhalten ist. Es enthält zwei concentrische Rundstäbe und darauf einen

Flachstreifen, der mit dem alterthümlichen Schema des lesbischen Kymation grün bemalt ist; es scheint eine dem Akroterion des Heraion von Olympia (Ausgr. zu Olympia V T 34) ganz ähnliche Decoration gehabt zu haben, an das ja auch die Zacken der Sima und der Stirnziegel lebhaft erinnern. Ausserdem ist noch ein kleines vielleicht auch dem Akroterion zugehöriges Stückchen vorhanden, an welchem man zwei Blätter von 58 mm Breite erkennt, in Wulstform mit rundlich gebildetem Begleitsteg, das eine Blatt roth, das zweite blau bemalt, die Stege schwarz und der Grund rothbraun.

Für die Zeitbestimmung des Baues hat man zu bedenken, dass auf der einen Seite die Gestalt der Ausgüsse an der Seitensima von einer so ursprünglichen Einfachheit ist, dass dadurch auch die dem sechsten Jahrhundert zugeschriebene Sima vom Geloer Schatzhaus in Olympia (Ausgr. zu Olympia V S. 35) übertroffen wird. Andrerseits steht die Zackenbekrönung der Stirnziegel und anderes der Decorationsweise des Akroterions vom Heraion zu Olympia so nahe, dass die Erbauung des Tempels von Neandria zwischen jene beiden Monumente fallen und dem siebenten Jahrhundert v. Chr. angehören wird. So erweitert der Tempel die sehr spärliche Reihe gleichzeitiger Monumente, aus denen er durch einen verhältnissmässig bedeutenden Reichthum merkwürdiger und sehr eigenartiger Formen hervorragt. In ihm liegen zum ersten Male die fest entwickelten Einzelformen einer alten, characteristisch aeolischen Kunstweise vor, deren weitere Erforschung überraschende Ergebnisse verspricht.

# Nachtrag zu S. 28 Anm. 1.

Das in den Sitzungsberichten veröffentlichte Facsimile ist in einem Punkte un-
vollständiger, als das oben S. 28 wiedergegebene. Es schreibt deshalb Herr Kirchhoff:
„Durch die Ausfüllung der einen der beiden Lücken steht nunmehr ausser allem Zweifel
fest, dass die Inschrift nicht metrisch gefasst war; meines Erachtens war ihr Wortlaut
folgender: Τόνδε [τ]ὸν ἀνδ[ριάντα Ἀπό]λλων[ι] ὀνέθη|κε Ἑρμέας ἀρα . . . . . . . τῶ παιδός, |
ὠγεμάχ[ω] oder ὠγεμάχ[ιος].

In der verbleibenden Lücke war entweder gesagt, dass die vom Vater geweihte
Statue vom Sohne gelobt worden sei, oder, was ich eher glaube, stand nur der Name
des Sohnes, dessen Statue der Vater geweiht hatte.“

# Verzeichniss der Abbildungen.

# JAHRESBERICHT.

Die Gesellschaft hatte im abgelaufenen Jahre den Tod ihres langjährigen Mitgliedes, des Herrn Prof. Dr. Heller, zu beklagen. Neu aufgenommen wurden als ordentliche Mitglieder die Herren Oberstlieutenant a. D. O. Dahm, Prof. N. Müller und Dr. Pomtow, als ausserordentliche die Herren Dr. A. Körte, Dr. C. F. Lehmann, Ohnefalsch-Richter und Dr. Winnefeld. Verzogen sind die Herren Gercke, J. Meyer und G. Schneider, wieder eingetreten die Herren Dr. Brückner und Freiherr Dr. Hiller von Gärtringen. Somit besteht die Gesellschaft gegenwärtig aus folgenden 95 ordentlichen Mitgliedern: Adler, von Alten, Aschersohn, Assmann, Bardt, Belger, Bertram, Bode, Bie, Borrmann, Broicher, Brose, Büchsenschütz, Bürcklein, Bürmann, von Bunsen, Conze (Schriftführer), Curtius (I. Vorsitzender), Dahm, Denecken, Diels, Dobbert, Eisenmann, Ende, Engelmann, Erman, Fischer Exc., Frey, Fritsch, Furtwängler, Gericke, Goldschmidt, B. Graef, P. Graef, Grimm, Gurlitt, Hagemann, Hauck, Hepke, Herrlich, Hertz, Hirschfeld, Holländer, Hübner, Humbert, Imelmann, Immerwahr, Jacobsthal, Jessen, Jordan, Kalkmann, von Kaufmann, Kaupert, Kekulé, Kempf, Kirchhoff, Köhler, Köpp, Krüger Exc., Kübler, Lehfeldt, Lessing, von Luschan, Marelle, Erbprinz von Sachsen-Meiningen Hoheit, Meitzen, Meyer, Mommsen, E. Müller, N. Müller, Nothnagel, Oder, Oehler, Pomtow, Puchstein, von Radowitz Exc., O. Richter, Rose, Schöne (II. Vorsitzender), Schröder, Senator, Senz, Stengel, von Stephan Exc., von Sybel, Toepffer, Trendelenburg (Archivar und Schatzmeister), Vahlen, Freiherr von Wangenheim, Wattenbach, Weil, Wellmann, Wilmans, von Wittgenstein, Wolff. Ausserordentliche Mitglieder waren die Herren: Back, Boehlau, Brückner, Freiherr Hiller von Gärtringen, Hirsch, Körte, Lehmann, Ohnefalsch-Richter, E. Richter, Winnefeld, Winter.

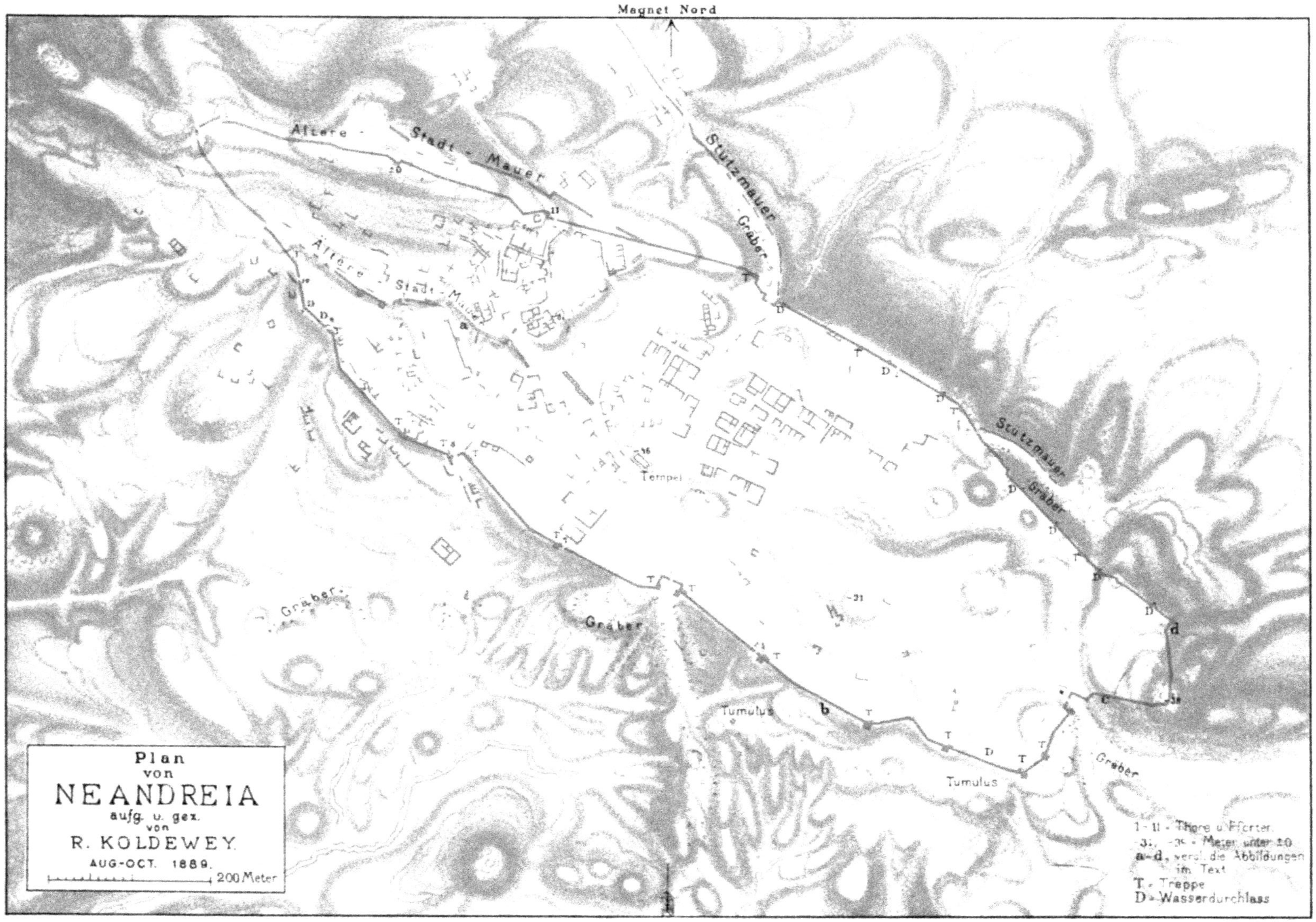


Photolith H Rittmann, Berlin

www.ingramcontent.com/pod-product-compliance
Lightning Source LLC
Chambersburg PA
CBHW081725270326
41933CB00017B/3299